Hans Mathias Kepplinger

Die Mechanismen
der Skandalierung

Hans Mathias Kepplinger

Die Mechanismen der Skandalierung

Die Macht der Medien und
die Möglichkeiten der Betroffenen

OLZOG

Bibliografische Information Der Deutschen Bibliothek

Die Deutsche Bibliothek verzeichnet diese Publikation in der
Deutschen Nationalbibliografie;
detaillierte bibliografische Daten sind im Internet
über http://dnb.ddb.de abrufbar.

ISBN 3-7892-8148-4
© 2005 Olzog Verlag GmbH, München (2., aktualisierte Auflage)
Die erste Auflage ist unter dem Titel:
„Die Kunst der Skandalierung und die Illusion
der Wahrheit" erschienen.
© 2001 Olzog Verlag GmbH, München
Internet: http://www.olzog.de

Umschlagentwurf: Gruber & König, Augsburg
Satz: Verlagsservice G. Pfeifer/EDV-Fotosatz Huber, Germering
Druck- und Bindearbeiten: Himmer-Druck, Augsburg
Printed in Germany

Inhalt

Vorwort

Jeder Skandal ist einzigartig. Trotzdem besitzen alle Skandale gemeinsame Merkmale. Es geht immer um einen Missstand – einen Verstoß gegen die herrschende Moral oder das geltende Recht, der einen materiellen oder ideellen Schaden bereits hervorgerufen hat oder hervorrufen kann. Es gibt immer einen Täter, der den Missstand aus angeblich niederen Motiven verursacht oder zumindest nicht verhindert hat und folglich schuldig ist. Dabei kann es sich um eine einzelne Person, jedoch auch um einen Verein, eine Partei oder ein Unternehmen handeln. Es gibt immer eine Welle von Medienberichten, die den Eindruck vermitteln, dass es sich bei dem Missstand um ein bedeutendes Problem handelt, und die den Verursacher des Missstandes nahezu einhellig anprangern. Die Medienberichte rufen entsprechend ihrer Intensität in der Bevölkerung immer eine mehr oder weniger starke Empörung hervor, und sie vermitteln den Tätern auch dann, wenn sie die Vorwürfe nicht bestreiten, den Eindruck, sie wären das Opfer einer Kampagne.

Skandale kann man unter drei Aspekten betrachten. Man kann erstens fallweise den Verlauf einzelner Skandale rekonstruieren und dabei auch die Berechtigung der Vorwürfe untersuchen. Man kann zweitens systematisch bei einer möglichst großen Zahl von Skandalen die Rolle einzelner Personen oder Organisationen betrachten – der Skandalierer und Skandalierten, der Medien und ihres Publikums usw. Drittens kann man problemorientiert die Mechanismen analysieren, die einen Missstand zu einem Skandal, einen ertappten Täter zu einem hilflosen Opfer, ein desinteressiertes Publikum zu einer empörten Masse und die Skandalierung eines Missstandes gelegentlich zur Quelle von weit größeren Schäden machen.

Hier geht es um den dritten Aspekt – die Mechanismen der Skandalierung. Sie werden anhand zahlreicher Skandale der jüngeren Vergangenheit analysiert. Dabei geht es nicht vorrangig darum, wie die einzelnen Skandale verlaufen sind und wer Recht und Unrecht hatte. Diese Sachverhalte werden nur angesprochen, um allgemeine Eigenschaften von Skandalen zu illustrieren – das Verhalten der Protagonisten und ihrer Beobachter, die charakteristischen Merkmale anprangernder Medienberichte, die Eigendynamik der Berichterstattung, den Einfluss der Berichterstattung auf den Verlauf eines Skandals, ihre direkten Auswirkungen auf die Protagonisten und das Publikum sowie ihre indirekten Folgen für die Gesellschaft.

Die Mechanismen der Skandalierung werden in 14 Kapiteln dargestellt. Jedes dieser Kapitel behandelt unter theoretischen Gesichtspunkten ein praktisches Problem. Dies geschieht anhand von bekannten Fallbeispielen – der Skandalierung von Joschka Fischer wegen seiner Vergangenheit als politisch motivierter Schläger und von Helmut Kohl wegen der Annahme illegaler Parteispenden, der Skandalierung von Christoph Daum, Jörg Immendorff und Michel Friedman wegen Kokainkonsum, der Skandalierung von Rudolf Scharping, Gregor Gysi, Ernst Welteke und Margret Härtel wegen der Vermischung von Dienst und Privatleben, der Skandalierung der Shell AG wegen der geplanten Versenkung der Brent Spar, der Bayer AG wegen der tödlichen Nebenwirkungen von Lipobay und von Öko-Bauern wegen der Verwendung von Nitrofen belastetem Futtermittelgetreide usw.

An zahlreichen Stellen werden auch Ergebnisse von quantitativen Untersuchungen herangezogen – systematische Befragungen von mehreren hundert Journalisten, Managern und Politikern sowie vergleichende Analysen von mehreren tausend Skandalberichten in Presse, Hörfunk und Fernsehen. Sie erhellen die Sichtweisen, Interessen und Handlungen von Tätern, Opfern und Berichterstattern sowie die typischen Unterschiede zwischen der neutralen und skandalierenden Darstellung von Missständen. Den Kern der Kapitel bilden sozialwissenschaftliche Theorien. Sie verdeutlichen u.a., weshalb im Skandal alle überzeugt sind, sie wüssten genau Bescheid, obwohl sie meist nur wenig Ahnung haben; weshalb sich alle maßlos empören und dies später kaum noch verstehen können; weshalb sich auch die Täter als Opfer fühlen usw. Die Kapitel sind als Elemente einer empirisch fundierten Skandaltheorie zu verstehen, die den Verlauf aktueller Skandale, das Verhalten der Protagonisten und die Reaktionen des Publikums erklären kann sowie ein rationales Urteil über den Nutzen und Schaden von Skandalen ermöglicht.

Mainz, im Dezember 2004

Hans Mathias Kepplinger

1 Momente der Gewissheit

Im Skandal kommt die Wahrheit ans Tageslicht – 1985 die Verseuchung von Birkel-Nudeln durch verdorbenes Flüssigei; 1987 die üblen Machenschaften des schleswig-holsteinischen Ministerpräsidenten Uwe Barschel gegen den ahnungslosen Björn Engholm; 1988 die reaktionäre Rede von Bundestagspräsident Philipp Jenninger über das Dritte Reich; 1991 die Ölpest im Persischen Golf als Folge des Golfkrieges und die Flugreisen des baden-württembergischen Ministerpräsidenten Lothar Späth auf Kosten der Industrie; 1993 die kaltblütige Erschießung von Wolfgang Grams auf dem Bahnhof in Bad Kleinen und die Gefährdung der Bevölkerung in der Nähe der Hoechst AG durch einen Chemie-Unfall; 1995 die ökologische Bedrohung der Nordsee durch die geplante Versenkung der Brent Spar; 1999 der Verfassungsbruch Helmut Kohls durch die Annahme von anonymen Spenden und die geheimen Konten der CDU; 2000 die Vernichtung von Daten im Bundeskanzleramt beim vorangegangenen Regierungswechsel, die in Zusammenhang mit dem Verkauf der Leuna-Werke und der Lieferung von Spür-Panzern an Saudi-Arabien standen, der Kokainkonsum des Fußballtrainers Christoph Daum und die Gefährdung der deutschen Bevölkerung durch BSE-Fleisch aus Deutschland.

Im Wahljahr 2002 erfuhr man von der privaten Nutzung von dienstlich erworbenen Bonus-Meilen durch Cem Özdemir und Gregor Gysi, den finanziellen Zuwendungen der PR-Agentur Hunzinger an Verteidigungsminister Rudolf Scharping, der Finanzierung privater Ausgaben der Hanauer Oberbürgermeisterin, Margret Härtel, aus der Stadtkasse, der Gefährdung der Verbraucher durch Nitrofen belastetes Futtermittelgetreide und dem Tod von mehreren Diabetikern nach der Einnahme des Cholesterinsenkers Lipobay der Bayer AG; 2003 wurde man informiert über den Kokainkonsum des Fernsehjournalisten Michel Friedman und des Malers Jörg Immendorff, über die dunklen Finanzquellen des ehemaligen FDP-Vorsit-

11

zenden Jürgen W. Möllemann, die antisemitische Rede des Bundestagsabgeordneten Martin Hohmann, die ordnungswidrige Vergabe eines Beratervertrags an die Agentur WMP Eurocom durch den Vorstandsvorsitzenden der Bundesagentur für Arbeit, Florian Gerster, und über den Ausbruch der Lungenseuche SARS in China; 2004 berichteten die Medien über die Silvesterfeier von Bundesbankpräsident Ernst Welteke und seiner Familie auf Kosten der Dresdner Bank, über die Identifizierung des Autobahnrasers Rolf F., der eine junge Mutter und ihr Kind auf dem Gewissen hatte, über die Rechtfertigung der Folterung von Terroristen durch den Historiker Michael Wolffsohn, über den Ausbruch der Vogelgrippe in Asien sowie über die tödlichen Nebenwirkungen des Rheumamittels Vioxx der amerikanischen Firma Merck. Aufgrund dieser und vergleichbarer Vorfälle erscheint der Skandal – so die *Süddeutsche Zeitung* während des CDU-Spendenskandals (18./19.3.2000) – als „Instrument der Aufklärung", in dem die „bürgerliche Öffentlichkeit ... in multimedialer Verwandlung überlebt".

Im Skandal werden die Schuldigen bestraft. Der Absatz von Birkel-Nudeln brach zusammen, ca. 500 Mitarbeiter mussten entlassen werden. Jenninger und Späth mussten von ihren Ämtern zurücktreten. Barschel wurde abgewählt und starb unter mysteriösen Umständen in einem Genfer Hotel. Innenminister Rudolf Seiters trat nach dem Einsatz der GSG 9 in Bad Kleinen zurück, Generalbundesanwalt Alexander von Stahl wurde entlassen. Die Hoechst AG musste Schadenersatz in Millionenhöhe leisten und litt noch Jahre später unter dem Image-Verlust. Die Brent Spar wurde nicht versenkt. Shell ließ sie nach Norwegen schleppen und musste die erhöhten Kosten tragen für die Abwrackung an Land. Kohl legte den Ehrenvorsitz der CDU nieder, die gesamte Führung der CDU wurde abgelöst, und die Partei verlor zwei sicher geglaubte Landtagswahlen. Daum wurde nicht Trainer der Fußball-Nationalmannschaft und musste seinen Trainerposten bei Bayer Leverkusen aufgeben. Özdemir gab sein Bundestagsmandat auf, Gysi trat vom Amt des Berliner Wirtschaftssenators zurück. Hohmann wurde aus der CDU/CSU-Fraktion und der hessischen CDU ausgeschlossen. Scharping wurde als Verteidigungsminister entlassen. Härtel wurde von der Hanauer Bürgerschaft abgewählt. Friedman musste seine Fernsehsendungen abgeben und verzichtete auf das Amt des Vizepräsidenten des Zentralrates der Juden in Deutschland. Gerster wurde entlassen, Welteke trat zurück. Wolffsohn wurde von höchster Stelle die Entlassung von seiner Hochschule angedroht. Wegen der mit Nitrofen belasteten Futtermittel wurden 500 landwirtschaftliche Betriebe gesperrt. Der Kurs der Bayer-Aktien stürzte von fast 40 auf 10 Euro, zudem musste das Unternehmen mehr als 200 Millionen Euro Schadenersatz leisten. Möllemann sprang in den Tod, während über 100 Beamte an zahlreichen Orten im In- und Ausland seine Büros und Privatwohnungen durchsuchten.

Stimmen die Behauptungen über den Charakter von Skandalen? Sind die aufgeklärten Sachverhalte neu? Werden erkennbare Irrtümer unverzüglich korrigiert? Werden die Schuldigen bestraft? Entspricht das Strafmaß dem Ausmaß der Fehler? Daran darf gezweifelt werden. In einigen Fällen waren die zentralen Fakten schon lange bekannt. Über geheime Konten der Bundes-CDU hatte der *Spiegel* bereits vier Jahre vor dem CDU-Parteispenden-Skandal, am 12. Juni 1995, berichtet und dabei die Namen von Banken und die Nummern der Konten genannt. Dass der Waffenhändler Karlheinz Schreiber eine Million DM an den einstigen CDU-Schatzmeister Walther Leisler Kiep gezahlt hatte, war dort bereits Monate vor Beginn des Skandals, am 6. September 1999, zu lesen. Die erste Meldung über die Flugreisen von Späth auf Kosten der Industrie erschien am 15. November 1980 in der *Südwest Presse Ulm* – 11 Jahre vor seinem Rücktritt. Den ersten BSE-Fall in Deutschland gab es 1992, allerdings stammte das Tier aus England. Ein Jahr später entdeckten zwei Tierärztinnen im Schlachthof von Bad Bramstedt 21 BSE-verdächtige Rinder, von denen man nie mehr etwas gehört hat. Spuren von Nitrofen waren bereits ein halbes Jahr vor dem Skandal in Futtermitteln eines südoldenburgischen Betriebes entdeckt worden. Einige Wochen vor dem Skandal war auch das niedersächsische Landwirtschaftsministerium von der Staatsanwaltschaft Oldenburg über Nitrofen belastetes Putenfleisch informiert worden. Dies hatte zur Sicherstellung von 230 Tonnen Putenfleisch geführt, die für den Export bestimmt waren. Über die Beratung

Gersters durch die Agentur WMP Eurocom berichteten der *PR-Report* sowie *Werben &Verkaufen* mehrere Monate vor dem Skandal in lobenden Beiträgen, ohne das marktübliche Honorar zu nennen. In zwei Fällen konnten die Skandale schon deshalb nicht „aufgedeckt" werden, weil die Fakten von den Skandalierten selbst publik gemacht wurden. Dies gilt für die Reden von Jenninger im Bundestag und von Hohmann im Wahlkreis Fulda, die man im Internet nachlesen konnte.

In einigen Fällen wurden Unschuldige bestraft. Aufgrund der Skandalierung der Verseuchung von Birkel-Nudeln, die sich als sachlich unbegründet erwies, brach der Absatz des Unternehmens zusammen, und ein Großteil der Mitarbeiter des Unternehmens verlor seine Arbeit (Lerz 1996). Die Rede von Bundestagspräsident Jenninger erwies sich bei ruhiger Lektüre keineswegs als rechtsradikal. Dennoch verlor er sein Amt. Die Vorwürfe gegen das Vorgehen der GSG 9 bei ihrem Einsatz in Bad Kleinen wurden nie bewiesen. Der Erschossene war, wie sich später herausstellte, an der Ermordung des Treuhand-Chefs Carsten Rohwedder beteiligt. Trotzdem wurden weder Alexander von Stahl noch Rudolf Seiters rehabilitiert (Mocken 1995). Uli Hoeneß wurde wegen Äußerungen, die er in der berichteten Weise nicht gemacht hatte, moralisch deklassiert, wobei das ihm unterstellte Verhalten vielfach als typisch für ihn charakterisiert wurde. Als Folge der falschen Behauptung, Rechtsradikale hätten im Schwimmbad von Sebnitz unter den Augen der Umstehenden und mit Wissen aller Einwohner einen Jungen ermordet, wurde eine ganze Stadt kriminalisiert.

In einigen Fällen standen die Folgen in keinem Verhältnis zu den Ursachen. Die Absage der Hoechst AG an eine „stadtgängige" Chemie und die Aufgabe der meisten Betriebe in Höchst waren auch Folgen der Skandalierung des Unternehmens wegen der „Störfallserie" im Frühjahr 1993 – tatsächlich gab es drei Störfälle sowie zahlreiche Betriebsstörungen minderer Bedeutung, die normalerweise kaum beachtet werden (Kepplinger/Hartung 1995). Die Barschel-Affäre, die auch deshalb so empörend erschien, weil die Mitwisserschaft Engholms nicht bekannt war, endete mit dem Mord oder Selbstmord des teilweise zu Unrecht Beschuldigten (Mergen 1988).

Auch der Tod von Möllemann steht in keinem Verhältnis zu den Anschuldigungen gegen ihn.

Als Folge des BSE-Skandals verloren etwa 10.000 Beschäftigte ihren Arbeitsplatz. Der Rindfleischmarkt brach zusammen, über 80.000 Rinder wurden notgeschlachtet und auch dann vernichtet, wenn sie nicht infiziert waren. Die Belastung von Futtermitteln mit Nitrofen war so gering, dass zu keiner Zeit eine Gefahr für die Verbraucher bestand. Man hätte 200.000 Eier essen müssen, um den zulässigen Grenzwert zu erreichen. Trotzdem wurden mehrere hundert Betriebe stillgelegt und Tausende von Masthähnchen und Legehennen notgeschlachtet und verbrannt. Scharping wurde wegen geringfügiger Vergünstigungen im privaten Bereich entlassen, nachdem er ohne vergleichbare Folgen mehrfach versucht hatte, bei der Beschaffung von 73 Transportflugzeugen im Wert von 8,6 Milliarden das Haushaltsrecht des Bundestages auszuhebeln. Härtel war von der Bürgerschaft abgewählt worden, bevor das Landgericht Hanau ein Strafverfahren gegen sie wegen geringer Schuld gegen Zahlung von 4.000 Euro einstellte. Den Schaden, den sie der Stadtkasse verursacht hatte, bezifferte das Gericht auf etwa 3.000 Euro. Dagegen beliefen sich die Anwaltskosten der Stadt Hanau im Verfahren gegen Härtel auf über 100.000 Euro. In der richterlichen Urteilsbegründung hieß es, „wegen einer strafrechtlichen Marginalie" sei die „Existenz eines Menschen schwer beschädigt worden".

In einigen Fällen waren die meisten Berichte falsch, obwohl die Fakten bekannt waren. Die Firma Birkel hatte sofort falsche Behauptungen über ihre Produkte zurückgewiesen. Sie drang aber bei der Masse der Medien damit nicht durch (Lerz 1996). Die Feststellung der Hoechst AG, dass ortho-Nitroanisol „mindergiftig" sei, war sachlich richtig, wurde jedoch als Verharmlosung der tatsächlichen Gefahren dargestellt (Kepplinger/Hartung 1995). Die Shell AG kam mit ihren Informationen über die Vor- und Nachteile einer Versenkung der Brent Spar der Wahrheit erheblich näher als Greenpeace. Die Brent Spar enthielt nicht – wie Greenpeace mit großer Publizität behauptet hatte – 5.500 Tonnen Ölrückstände, sondern entsprechend den ursprünglichen Angaben von Shell weniger als 200. Zudem wäre, wie man heute weiß, die Versenkung der Brent Spar billiger, ungefährlicher und ökologisch verträglicher gewesen als ihre Entsorgung an Land.[1] Uli Hoeneß hatte von Beginn an darauf hingewiesen, dass er die Kokain-Vorwürfe gegen Daum nicht erhoben, sondern nur festgestellt habe, dass Daum – falls sie zutreffen sollten – nicht Bundestrainer werden könne. Statt seine Richtigstellung zu akzeptieren, wurde vielfach unterstellt, Hoeneß habe sich nur deshalb so ausgedrückt, weil er als erfahrener Medienprofi darauf vertraute, dass man seine Äußerung genau so verstehen würde, wie sie angeblich gemeint waren. Die meisten Todesfälle durch Lipobay wurden durch die Kombination mit Gemfibrozil, einem anderen Cholesterinsenker, verursacht. Wegen des Risikos hatte die Bayer AG bereits 1997 einen entsprechenden Warnhinweis in die Packungsbeilage aufgenommen. Dies ging jedoch im Skandal um Lipobay unter.

Das Verfahren gegen Kohl wegen der Annahme von Spenden wurde von der Bonner Staatsanwaltschaft 2001 gegen Zahlung einer Geldbuße von 300.000 Euro eingestellt. Von einem Verfassungsbruch war nicht mehr die Rede, weil es sich um einen Verstoß gegen das Parteiengesetz handelte, das zwar auf der Verfassung beruht, mit ihr jedoch nicht identisch ist. Mit der Annahme der Spenden hatte Kohl deshalb genauso wenig gegen die Verfassung verstoßen wie ein Journalist, der das Jugendschutzgesetz verletzt – obwohl das Grundgesetz den Jugendschutz ausdrücklich als Schranke der Pressefreiheit nennt. Die Ermittlungen wegen des Verdachts der Vernichtung von Akten des Bundeskanzleramtes wurden 2003 trotz mehrerer Interventionen der neuen Bundesregierung eingestellt, weil die Bonner Staatsanwaltschaft keine Belege für die Behauptung von Burkhart Hirsch fand, dass beim Regierungswechsel Akten im nennenswerten Umfang vernichtet wurden. Zwar hatten der frühere Bundeskanzler Kohl und der ehemalige Leiter des Bundeskanzleramtes, Friedrich

---

[1] Bei der Abwrackung der Brent Spar bildeten sich aus Bakterien in den Lagertanks tödliche Gase, die aufwendig neutralisiert werden mussten. Beim Reinigen der Tanks traten größere Mengen an Benzol und Methan auf, die umfangreiche Schutzmaßnahmen erforderlich machten. Die Verschrottung verbrauchte mehr als zweimal soviel Energie wie die Versenkung. Die Emissionen in die Umwelt waren mehr als doppelt so hoch (FAZ 3.9.1999).

Bohl, von Anfang an bestritten, dass Akten oder Computerdateien vernichtet worden seien. Dies wurde jedoch häufig mit einem höhnischen Unterton bezweifelt.

Wolffsohn hatte im Gegensatz zu den Unterstellungen seiner Kritiker keineswegs das Foltern von Terroristen gerechtfertigt, sondern nach mehrfach drängendem Nachfragen einer Fernsehmoderatorin ihre Anwendung unter bestimmten Bedingungen nicht völlig ausgeschlossen. Die Richtigstellungen Wolffsohns verstärkten jedoch die z. T. höhnischen Angriffe auf ihn oder liefen bestenfalls ins Leere. „Seine eindeutige Ablehnung der Folter in irakischen Gefängnissen, die dem hundertfach zitierten Satz vorausging, blieb", wie Monika Maron in einem kritischen Essay feststellte, genauso „unerwähnt wie der gedankliche Kontext, der ihn überhaupt verständlich gemacht hätte" (Maron 2004).

Ein Grund für die publizistischen Fehlschläge von Birkel, Hoechst, Shell und Bayer, Kohl, Bohl, Wolffsohn und den Bürgern von Sebnitz könnte ihre Rolle gewesen sein. Sie waren die Beschuldigten, sprachen aus Eigeninteresse und erschienen deshalb unglaubwürdig. Das trifft zu, geht aber am Kern der Sache vorbei, weil häufig auch unverdächtige Zeugen scheitern. Dazu gehörte nach dem Störfall bei der Hoechst AG der grüne Umweltdezernent Tom Koenigs. Er hatte mit der falschen Behauptung, ortho-Nitroanisol könne bei etwa zehn Grad „ausgasen", erheblich zur Angst unter den Anwohnern beigetragen. Koenigs hatte den Schmelz- mit dem Siedepunkt verwechselt, der nicht bei zehn, sondern bei 273 Grad liegt. Obwohl sein Irrtum einen erheblichen Einfluss auf die Bevölkerung hatte, fand seine Richtigstellung kaum Resonanz bei den Medien (Kepplinger/Hartung 1995). Die Eigeninteressen der Beschuldigten können – wie das Beispiel belegt – nicht die entscheidende Ursache des Scheiterns ihrer Dementis sein – zumal das ebenfalls von Eigeninteresse getragene Dementi Daums bis zum zweifelsfreien Beweis des Gegenteils gläubig aufgenommen wurde.

Blickt man vom Ausland auf Skandale in Deutschland, erscheint das hiesige Verhalten häufig kurios. Aus englischer Sicht waren die Reaktionen der Deutschen auf die geplante Versenkung der Brent Spar reine Hysterie. In Frankreich wurde Kohls geheime Spendensammlung allgemein kritisiert. Zugleich waren jedoch Blätter aller politischen Richtungen erstaunt über die Art und Weise, wie die deutsche Öffentlichkeit damit umging. In *Le Point* hieß es, Deutschland gleiche einem „Schlachthaus", in dem sich „Erzengel der Tugend in der Abdeckerei ziemlich lustvoll" austobten. Der konservative *Figaro* bezeichnete die Angriffe auf Kohl als eine „Menschenjagd", deren wahre Gründe man nicht kenne, und das linksliberale Magazin *Marianne* schrieb, Kohl werde in Deutschland geradezu „gelyncht".

Blickt man von Deutschland auf Affären im Ausland, zeigen sich ähnliche Diskrepanzen. So empfanden die meisten Deutschen den Umgang der amerikanischen Medien mit Bill Clinton in der Lewinsky-Affäre als absurden Schauprozess. Dagegen wundern sie sich über den geduldigen Umgang der amerikanischen Medien mit George W. Bush nach der vergeblichen Suche nach Massenvernichtungswaffen im Irak. Offensichtlich wiegen dort falsche Aussagen über sexuelle Beziehungen schwerer als falsche Gründe für kriegerische Handlungen, was hierzulande kaum verständlich ist. Diese kulturellen Unterschiede sehen nicht zuletzt Journalisten. So charakterisierte die *Süddeutsche Zeitung*, die im Umfeld der Skandalierung der anonymen CDU-Spenden den Skandal als mediale Form der Aufklärung gefeiert hatte, ein halbes Jahr später den englischen Skandaljournalismus unter der Überschrift „Knietief in Druckerschwärze" als „Heimsuchung" (18./19.11.2000). Während das hiesige Verhalten als journalistische Heldentat erscheint, wird das dortige als journalistische Schlammschlacht betrachtet.

Soziologen erklären derartige Diskrepanzen mit kulturellen Unterschieden, und tatsächlich gibt es „Skandal-Kulturen". In England und den USA werden vor allem sexuelle Verhaltensweisen zu Skandalen, in Deutschland geldwerte Vorteile – Schleußer und Rau, Späth und Süssmuth, Streibl und Lafontaine, Scharping, Gysi und Özdemir sind Beispiele dafür. In England und den USA macht die Skandalierung auch vor dem Privatleben nicht halt, in Deutschland bleibt es ein Tabu – es sei denn, das Private mischt sich mit dem Öffentlichen wie bei den Amouren Brandts Anfang der siebziger Jahre. Allerdings erklären nationale Besonderheiten nur einen Teil der Diskrepanzen, weil auch innerhalb eines Landes beim Rückblick auf frühere Skandale ähnliche Unterschiede bestehen: Wer versteht heute noch die Wut angesichts der geplanten Versenkung der Brent Spar, die Angst vor der radioaktiv belasteten Molke, die gewaltbereite Verzweiflung angesichts der Stationierung der Pershing II und die Empörung über die Rede Jenningers oder über das Verhalten von Daum und Hoeneß?

Aus der Distanz betrachtet, muss man feststellen, dass in Skandalen die Wahrheit, der Kern der Sache, meist erkennbar ist, oft aber keine Chance hat. Bei fast allen Skandalen gibt es einige Medien, die dieser Wahrheit – jener Einsicht, die nach Vorlage aller Fakten sichtbar wird – sehr nahe kommen. Ohne sie hätten große Teile dieses Essays nicht geschrieben werden können. Die Wahrheit geht aber während des Skandals in einer Welle krass übertriebener oder gänzlich falscher Darstellungen unter. Die Oberhand gewinnt sie erst, wenn der Skandal zu Ende und die Flut der anklagenden Berichte verebbt ist. Dann interessiert sich aber kaum noch jemand dafür, weil sich die Medien und mit ihnen das Publikum längst anderen Themen zugewandt haben. Die Gründe für die selbstgerechte Empörung und ihr selbstvergessenes Versickern liegen weder im Charakter der Menschen, noch in der Natur der Sache, noch in der Bedeutung der verletzten Werte, sondern in der Art und Weise, wie wir in Situationen großer Ungewissheit kommunizieren.

2 Umgang mit Ungewissheit

Der Sozialpsychologe Muzafer Sherif (1966) führte in den dreißiger Jahren des vergangenen Jahrhunderts Experimente zur Urteilsbildung in Situationen durch, in denen hohe Urteilsunsicherheit herrscht. Sherif machte sich dazu den „autokinetischen Effekt" zunutze: Vor den Augen eines Beobachters in einem dunklen Raum scheint sich ein fester Lichtpunkt – vermutlich wegen der Eigenbewegung des Augapfels – zu bewegen. Falls man nah an den Lichtpunkt herangeht, erkennt man dies als Illusion: Der Punkt ist regungslos. Die Versuchspersonen sehen jedoch den Lichtpunkt aus mehreren Metern Entfernung und urteilen notgedrungen auf der Grundlage unzureichender Informationen.

Verschiedene Beobachter gewinnen in dieser Situation unterschiedliche Eindrücke – einige nehmen kleine Kreisbewegungen wahr, andere ein starkes Zittern usw. Beschreiben mehrere Personen in einer Gruppe nacheinander ihre Beobachtungen, gleichen sich ihre Urteile schnell an, weil eine Gruppennorm, eine in der Gruppe allgemein akzeptierte Sichtweise, entsteht. Indem sich die Urteile der Einzelnen annähern, trägt jeder zur Bildung der Gruppennorm bei. Je eindeutiger die Gruppennorm wird, desto stärker beeinflusst sie die Einzelnen: Sie fühlen sich in ihrem Urteil immer sicherer, weil sie die Urteile der anderen für eine Bestätigung ihrer eigenen Sichtweise halten. Trotzdem behaupten fast alle Versuchspersonen bei späteren Befragungen, sie hätten eigenständig geurteilt. So legen sie großen Wert auf die Feststellung, sie hätten sich ihr Urteil schon gebildet, bevor die anderen Gruppenmitglieder ihre Ansichten geäußert hatten (Lilli 1984). Die spezifischen Normen – man kann auch von Schemata sprechen – in den jeweiligen Gruppen sind eine Folge der Urteile von dominierenden Gruppenmitgliedern, denen sich die anderen bewusst oder unbewusst anschließen. Die Bedeutung der Normen geht jedoch weit über die Situation in der Gruppe hinaus. Lässt man die gleichen Personen nach einiger Zeit allein urteilen, beschreiben sie die „Bewegung" des Lichtpunktes wie zuvor in der Gruppe. Die in der Gruppe erworbene Sichtweise bleibt eine Weile bestehen und prägt auch die Sichtweise außerhalb der Gruppe, weil die Beobachter in Situationen mit hoher Unsicherheit ihre Urteile scheinbar logisch aus der Gruppennorm ableiten. Dies gibt ihnen auch dann noch das Gefühl der Urteilssicherheit, wenn der ursprünglich vorhandene Gruppendruck keine Rolle mehr spielt.

Die Urteile der Bevölkerung in einem Skandal folgen den gleichen Prinzipien. Auch hier geht es um objektive Tatsachen wie beispielsweise die Existenz von Schadstoffen in der Brent Spar. Die Richtigkeit dieser Informationen ist jedoch meist nicht prüfbar, weil die dafür erforderlichen Daten oder Fachkenntnisse fehlen. So war beispielsweise einige Tage unklar, wie viele Schadstoffe tatsächlich in der Brent Spar lagerten, welche Gefahr von ortho-Nitroanisol ausging, ob Birkel-Nudeln genießbar waren usw. Es war auch unklar, welche Verbindung zwischen den anonymen Spenden an Kohl und anderen Finanzierungspraktiken der CDU bestand, ob Daum und Friedman tatsächlich Kokain geschnupft hatten, und wie der sechsjährige Junge in Sebnitz wirklich gestorben war. Dies trifft in ähnlicher Weise auf die zunächst kaum abschätzbare Gefährdung durch SARS, Nitrofen und andere Gefahrenquellen zu. Schließlich gilt es auch für serielle Skandalierungen, etwa die im Wochen- und Monatsrhythmus wechselnden Vorwürfe gegen Scharping und Gerster, deren sachlicher Gehalt in der verfügbaren Zeit kaum prüfbar war. Aufgrund solcher Unsicherheiten bilden sich im Zusammenspiel zahlreicher Quellen Urteilsnormen bzw. Schemata, die die Wahrnehmung der Missstände steuern.

Am Beginn eines Skandals beurteilen verschiedene Personen den fraglichen Sachverhalt meist unterschiedlich. Einige halten ihn für einen Missstand, andere nicht. Einige sind von der Schuld eines Akteurs überzeugt, andere bestreiten sie. Einige halten den Missstand für einen Skandal, andere sehen das anders. Je überzeugender die Deutungsmuster derjenigen sind, die den Sachverhalt für einen Skandal halten, und je mehr die Fakten ihre Sichtweise zu bestätigen scheinen, desto stärker gleichen sich ihnen die Sichtweisen anderer Menschen an. Ihre Sichtweise wird zu einer allgemein verbindlichen

Norm. Auch hier entstehen die Normen oder Schemata im dialekti-schen Zusammenspiel verschiedener Personen: Die Einzelnen eta-blieren die Schemata, die immer stärker auch jene binden, die sie etabliert haben. Sind solche Schemata einmal etabliert, erscheinen alle Fakten und Interpretationen, die ihnen widersprechen, als falsch oder irreführend, als Übertreibung oder Untertreibung. Dagegen wird alles, was die Schemata zu bestätigen scheint, bereitwillig akzeptiert und notfalls stimmig gemacht. Geglaubt wird nur noch, was in das Schema passt. Die eigene Sichtweise erscheint dabei nicht als subjektive Meinung, sondern als objektive Einsicht in die Natur der Sache. Anders denkende haben folglich nicht nur eine unmögli-che Meinung. Sie können entweder die Wirklichkeit nicht erkennen oder sie wollen es nicht. Sie verweigern sich der Wirklichkeit.

Nach der Empörung über einen angeblich rechtsradikalen Anschlag auf die jüdische Synagoge in Düsseldorf, der in Wirklich-keit von Nationalisten arabischer Herkunft begangen worden war, nach einer Serie schwerer Straftaten von Rechtsradikalen vor allem in den neuen Ländern sowie nach einer monatelangen Kampagne führender Politiker gegen Rechtsradikale, die den Eindruck erweck-te, das ganze Land stehe vor einem Abgrund rechtsradikaler Gewalt, erschien Vielen nichts mehr unmöglich – auch nicht die öffentliche Ermordung eines Kindes. Folgerichtig besuchte der sächsische Ministerpräsident Kurt Biedenkopf einen Gedenkgottesdienst in der Sebnitzer St.-Peter-und-Paul-Kirche und Bundeskanzler Gerhard Schröder empfing die Eltern des vermeintlichen Mordopfers im Willy-Brandt-Haus in Berlin.

Nicht alle kollektiven Normen gehen so eklatant an der Realität vorbei wie im Fall Sebnitz. Bei zahlreichen Skandalen entsprechen sie weitgehend dem, was man nachträglich auch in Kenntnis aller Fakten als Wahrheit erkennt. Solche Fälle eignen sich jedoch nicht für die Analyse der Urteilsbildung in Skandalen, weil man hier den Einfluss kollektiver Normen auf die Urteile nicht von der Orientie-rung an der Natur der Sache trennen kann. Man schreibt vielmehr die richtigen Urteile irrtümlicherweise der Einsicht in die Art der Urteilsobjekte zu. Tatsächlich folgt die Kommunikation jedoch auch in diesen Fällen den gleichen Prinzipien, weil auch hier die Wahrheit am Anfang nicht erkennbar ist – mit dem einzigen Unterschied, dass die kollektiven Normen der später feststellbaren Wahrheit sehr nahe kommen. Wissen können dies während des Skandals jedoch in der Regel nur wenige. Deshalb repräsentieren auch in solchen Fällen die selbstgewissen Urteile nichts anderes als den starken Glauben an die eigene Sichtweise.

Im Laborexperiment entwickeln sich allgemein verbindliche Urteilsnormen innerhalb einiger Minuten. Bei der Skandalierung eines Missstandes verläuft dieser Prozess langsamer, im Vergleich zum normalen Verlauf der öffentlichen Meinungsbildung jedoch sehr schnell. Analysiert man die wertenden Aussagen für und gegen eine skandalierte Person in der Presse und trägt die Ergebnisse auf einer Zeitachse ab, bewegen sich die Äußerungen – einem liegenden V gleich – innerhalb weniger Tage aufeinander zu. Die Urteile der Verteidiger der Skandalisierten gleichen sich den extremen Urteilen der Skandalierer zunehmend an, während diese häufig etwas moderater werden. Treffen sich beide im negativen Bereich, ist der Skandalierungsversuch gelungen.

Bei der erfolgreichen Skandalierung der Flugreisen von Lothar Späth stand das Urteil in den Medien nach etwa zwölf Tagen fest: Der Ministerpräsident hatte nach der dominierenden Meinung schwer gefehlt und musste zurücktreten (Kepplinger 1993a). Zwischen den ersten Angriffen auf Bundesbankpräsident Welteke und seinem Rücktritt am 16. April 2004 vergingen ebenfalls etwa zwei Wochen. In Einzelfällen wie bei der Skandalierung von Werner Höfer (Eps/Hartung/Dahlem 1996) wegen eines Kommentars im Dritten Reich und der Skandalierung der Hoechst AG wegen des Austritts von ortho-Nitroanisol (Kepplinger/Hartung 1995) verlief die Normbildung sogar noch schneller. Hier genügten ca. drei bis sieben Tage: Höfer erschien als Leiter des Internationalen Frühschoppens untragbar und musste gehen, ortho-Nitroanisol erschien als gefährliches Gift, und die Hoechst AG führte einschneidende Sanierungsmaßnahmen durch. Noch schneller verläuft die Skandalierung von Missständen, die als akute Bedrohung der Allgemeinheit erscheinen. Ein Beispiel hierfür ist die Skandalierung des Nematoden-Befalls von Fischen, die nur knapp einen Tag benötigte. Dann stand das Urteil innerhalb und außerhalb der Medien weitgehend fest. Der Absatz von Fischen aus der Nordsee brach zusammen (Kepplinger 1992). Ähnlich schnell verlief die Skandalierung der Nebenwirkungen von Lipobay und Vioxx – sie geschah praktisch über Nacht.

Im Experiment wie im Skandal erliegen die Urteilenden zwei Irrtümern. In beiden Situationen erleben die Einzelnen die Annäherung ihrer Urteile als Beleg dafür, dass ihre Ansichten richtig sind. Zur Gewissheit wird diese Einschätzung, wenn sich die Gruppennorm so verfestigt hat, dass alle zum gleichen Urteil kommen. Trotzdem glaubt auch bei Skandalen jeder, er urteile unabhängig von den anderen – sozusagen aus eigener Einsicht. Jeder betrachtet sich fälschlich als autonome Person. Tatsächlich sind die Einzelnen Opfer der *Illusion der autonomen Urteilsbildung*. Was sie für ein individuelles Urteil halten, ist Ausdruck einer sich selbst bestärkenden Glaubensgemeinschaft. Diese Illusion ist eine Ursache der Entschiedenheit, mit der die Sichtweisen in einem Skandal verteidigt werden: Jeder Zweifel anderer erscheint als Zweifel an der eigenen Urteilsfähigkeit und damit als Angriff auf die eigene Person. Deshalb haben auch nach dem Abklingen eines Skandals die meisten Personen kein Interesse an der Berichtigung falscher Behauptungen. Sie würde das eigene Urteil als das entlarven, was es ist – als Nachvollzug meist medialer Vorgaben. Während eines Skandals, wenn man sich der Revision durch Desinteresse kaum entziehen kann, werden die verfestigten Sichtweisen nur durch Beweise erschüttert, die man unter keinen Umständen leugnen kann. Die Haaranalyse von Christoph Daum, die ihn des Drogenkonsums überführte, ist eines der seltenen Beispiele hierfür.

Im Experiment wie im Skandal sind die Urteilenden davon überzeugt, dass sie mit ihren Aussagen den Sachverhalt beschreiben – die „Bewegung" des Lichtpunktes im Experiment, die Größe des Umweltschadens oder das Ausmaß der politischen Verfehlung im Skandal. Tatsächlich sind sie Opfer eines *essentialistischen Trugschlusses*: Was sie für ihr Urteil über die Natur der Sache halten, ist in Wirklichkeit Ausdruck einer gruppen- oder landesspezifischen Sichtweise. Die Urteile charakterisieren weniger das Objekt der Aussagen als die Normen ihrer Urheber: Wer eine Überschwemmung mit zehn Toten als Katastrophe bezeichnet, sagt nichts über das Geschehen aus, aber viel über seine eigenen Maßstäbe. Dies ist den Urteilenden allerdings selten bewusst. So glaubten beispielsweise die Redakteure des *Stern*, die 1986 den Brand bei Sandoz in Basel auf der Titelseite ihres Blattes als „Tschernobyl am Rhein" (13.11.1986) bezeichneten, vermutlich wirklich, dass es sich um einen Unfall mit ähnlichen Dimensionen handelte. Tatsächlich gaben sie nur der apokalyptischen Sichtweise Ausdruck, die sich vor dem Hintergrund des Reaktorunfalls in der Ukraine entwickelt hatte und durch die dramatischen Aufnahmen vom Unfallort in Basel scheinbar bestätigt wurde. Natürlich glaubten die *Bild*-Leser, die am 24. November 2000 in zahlreichen Briefen ihre Empörung über das Geschehen in Sebnitz ausdrückten, sie würden sich zu einem Mord aus rassistischen Motiven äußern. Tatsächlich reagierten jedoch auch sie nicht auf die bekannte und prüfbare Realität – den Tod des kleinen Joseph – sondern auf eine spezifische Sichtweise – die glaubwürdige Deutung des Todesfalls als Mord.

Die Macht etablierter Sichtweisen erklärt, weshalb hiesige Skandale vom Ausland her betrachtet häufig eher kurios als empörend erscheinen: Dort haben sich die Normen – die allgemein geltenden Sichtweisen – nicht etabliert, weil die Missstände keine herausragenden Themen waren. Folglich ist, aus der Distanz betrachtet, kaum nachvollziehbar, warum man hier so empört auf einen Missstand reagiert. Nicht der Missstand macht den Skandal aus, sondern die kollektive Sichtweise. Dagegen könnte man einwenden, dass der Missstand die Bevölkerung in dem Land, in dem er besteht, stärker bedroht, weshalb sie auch intensiver reagiert. Dies trifft meist zu, geht jedoch – wie die Vermutung über die Ursache von gescheiterten Richtigstellungen – am Kern der Problematik vorbei. Einen Beleg hierfür liefern die Reaktionen auf die geplante Versenkung der Brent Spar. Sie hätte die britischen Gewässer und Küsten aufgrund der räumlichen Nähe ökologisch viel eher bedroht als die deutschen, führte dort aber nicht zu einem Skandal – nicht weil die objektiven Fakten dagegen sprachen, sondern weil das „richtige Bewusstsein" fehlte.

Martin Walser, der während der skandalierten Gedenkrede von Bundestagspräsident Jenninger im Jahr 1988 im Ausland war, hat diesen Unterschied zwischen Innen- und Außensicht erlebt und anschaulich beschrieben. Als er die Rede Jenningers gelesen habe, so Walser, habe er „nicht begriffen, warum der Präsident des Deutschen Bundestages wegen dieser Rede so senkrecht hinabgestürzt wurde wie kein anderer Politiker seit 1945. Offenbar musste man, um die Erledigung einer Person zu verstehen, die Kassette anschauen. Die Zuhörer haben durch ihre Reaktionen den Skandal bewirkt. Unverabredet und als lauter ehrenwerte, höchst anständige Zeitgenossinnen und Zeitgenossen. Eine Art unwillkürlicher politisch-moralischer Lynchstimmung muss da aufgekommen sein. Dass die Fragen, die diese Stimmung produzierten, rhetorische Fragen waren, ... das merkte im Correctness-Rausch des Augenblicks niemand mehr ..." (Walser 1995).

3 Etablierung von Schemata

Im Skandal liegt die Chance der Überzeugungstäter. Die Aktivisten, die einen Skandal vorantreiben, sind meist zutiefst von der sachlichen Richtigkeit und moralischen Notwendigkeit ihres Engagements überzeugt. Sie betrachten ihre Aktivität auch dann als Dienst an der Sache, wenn die Skandalierung nicht zuletzt ihnen dient – ihrer Karriere, ihrem Einkommen, ihrem Ruf. Die Aktivisten gehen häufig strategisch vor: Sie planen den schrittweisen Aufbau ihrer Anklagen, entwickeln schlagkräftige Etiketten („Amigo-Affäre", „Störfall-Serie", „Vettern-Affäre", „Datenlöschtage", „Todesdrängler"), suchen Allianzen mit ähnlich Gesinnten in verschiedenen Medien und spielen sich, für die Öffentlichkeit kaum erkennbar, gegenseitig die Bälle zu. Scheitern ihre ersten Skandalierungsversuche am Desinteresse der Medien oder des Publikums, lassen sie sich davon kaum entmutigen. Stattdessen suchen sie nach erfolgreicheren Schlagworten, Argumenten und Strategien. Dabei haben sie nicht selten Erfolg – wie die erst im zweiten Anlauf erfolgreichen Skandalierungen von Müller-Milch und Birkel-Nudeln belegen (Kepplinger/Hartung 1993).

Journalisten übernehmen die skandalträchtigen Perspektiven vielfach von Skandalierern im vormedialen Raum – von einzelnen Personen wie Heiner Geißler und anderen Politikern bei der Skandalierung von Helmut Kohl oder von Organisationen wie Greenpeace bei der Skandalierung der Versenkung der Brent Spar. Vielfach entstehen die skandalträchtigen Sichtweisen auch in den Medien, wie im Falle der Skandalierung von Werner Höfer. Gelegentlich spielen Akteure im vormedialen Raum und einige Journalisten so eng zusammen, dass sich kaum entscheiden lässt, von wem die skandalträchtige Perspektive stammt. Ein Beispiel hierfür ist die Skandalierung der Firma Müller-Milch durch den Abgeordneten der Grünen im Bayrischen Landtag, Raimund Kamm, und den Journalisten Klaus Wittmann (Kepplinger/Hartung 1993). Die Tatsache, dass sich der Anteil der verschiedenen Akteure kaum bestimmen lässt, ist jedoch für ihren Erfolg unwichtig, weil die Chancen einer Skandalierung letztlich von den Journalisten abhängen. Wenn sie nicht mitspielen, bleibt jeder Skandalierungsversuch aus dem vormedialen Raum erfolglos.

In den meisten Fällen sieht man nur die Journalisten, die die berechtigten, überzogenen oder verfehlten Vorwürfe gegen Personen oder Organisationen in die Öffentlichkeit tragen. Den Anlass zur Skandalierung des Bundesbankpräsidenten Welteke bildeten mehrere anonyme Schreiben, die in Berlin aufgegeben und an den *Spiegel* adressiert waren. Auch bei der seriellen Skandalierung des Vorstandsvorsitzenden der Bundesagentur für Arbeit, Florian Gerster, wurden einzelnen Medien wiederholt belastende Unterlagen zugespielt. In diesen wie in den meisten anderen Fällen bleiben die treibenden Kräfte dahinter ebenso im Dunkeln wie ihr Beitrag zur Etablierung skandalträchtiger Sichtweisen. Dies war bei der Skandalierung der Versenkung der Brent Spar anders. Weil es hier zwei deutlich getrennte Phasen gab, lässt sich modellhaft der Einfluss einer skandalträchtigen Sichtweise auf die nachfolgende Berichterstattung verfolgen. In der ersten Phase konnte Greenpeace weitgehend ungestört seine Sichtweise verbreiten, in der zweiten Phase wirkte sich das dadurch etablierte Schema auf die Berichterstattung über die von der Deutschen Shell AG verbreitete Sichtweise aus.

Die erste Phase begann am 30. April 1995 mit einer Presseerklärung von Greenpeace. Dort hieß es unter der Überschrift „Greenpeace besetzt Shell-Ölplattform in der Nordsee": „Im Tank und in den Rohrleitungen der ‚Brent Spar' lagern über 100 Tonnen Giftschlamm aus einem Cocktail von Öl, chlorhaltigen Substanzen wie PVC und PCB, sowie Schwermetallen wie Arsen, Cadmium und Blei. Darunter sind auch 30 Tonnen radioaktiver Abfall". Am Ende der Presseerklärung bot Greenpeace an: „Weitere Fragen beantwortet Ihnen: Greenpeace-Experte Roland Hipp und Pressesprecher Fouad Hamdan ... Achtung TV- und Radio-Redaktionen: Rufen Sie uns an, wenn Sie mit Jörg Naumann ... reden wollen. Beta-SP-Bilder von der Aktion erhalten Sie bei RTR TV oder WTN in London." Damit hatte sich Greenpeace als kundige, auskunftswillige und, wie sich bald herausstellte, für lange Zeit konkurrenzlose Quelle etabliert (Mikalsen 1998).

In den folgenden elf Wochen gab Greenpeace 23 Presseerklärungen heraus. Jede dieser Presseerklärungen enthielt Angebote für zusätzliche Informationen sowie aktuelle Foto- und Fernsehaufnahmen. Sie lieferten auch die Deutungsmuster, die die Vorstellungen der Journalisten, ihre Darstellung des Geschehens und dessen Wahrnehmung durch die Bevölkerung prägten. Ein Beispiel hierfür ist der Vergleich der Versenkung der Brent Spar mit der Versenkung eines Schrottautos durch einen Normalbürger. Die angebotene Sichtweise – das Schema – lautete: „Wir da unten, die da oben." Ein weiteres Beispiel ist die Behauptung, Shell gehe nur aus Kostengründen nicht auf die Forderungen von Greenpeace ein. Das Schema war hier: „Egoistische Profitgier versus altruistischer Umweltschutz." Einige Presseerklärungen dienten vor allem der Dramatisierung des Geschehens. Dies geschah durch Foto- und Fernsehaufnahmen sowie durch die wiederholte Behauptung, bei der Versenkung der Brent Spar handele es sich um einen Präzedenzfall, der nur die Spitze eines Eisberges sichtbar mache. Dazu wurde die Gefahr der Versenkung einer anderen Plattform, des „Giganten Troll", beschworen, gegen die die Brent Spar eine „relativ kleine Ölplattform" war. Den gleichen Effekt hatte der korrekte Hinweis auf den „radioaktiven Abfall", dessen Gefahrenpotenzial aber im Dunkeln blieb, weil keine konkreten Angaben gemacht wurden.

Die zweite Phase begann am 16. Juni 1995 – sieben Wochen nach der ersten Presseerklärung von Greenpeace. An diesem Tag reagierte die Deutsche Shell AG zum ersten Mal mit einer eigenen Presseerklärung auf die Presseerklärungen von Greenpeace und beschrieb dabei den Sachverhalt ganz anders. Laut Shell bestanden erhebliche „Sicherheitsrisiken [bei] einer Landentsorgung": „Die Belastung des Meeresbodens [durch die Versenkung] wurde von unabhängigen Meeresbiologen als vernachlässigbar gering eingestuft. [...] Die im Höchstfall verbleibenden 100 Tonnen feste Rückstände bestehen zu 90 % aus Sand und zu 10 % aus bitumenähnlichen Rohölrückständen ... . Die Intensität der [radioaktiven] Strahlung entspricht [...] derjenigen von Häuserfassaden oder Gehwegplatten aus Granit."

Die publizistische Resonanz der Presseerklärung der Deutschen Shell AG war aus Sicht des Unternehmens verheerend: Die Darstellung des Sachverhaltes wurde überwiegend nicht oder nur abwertend wiedergegeben. Ein Beispiel dafür sind die *Kieler Nachrichten*. Das Blatt hatte am 10. Mai die Angaben von Greenpeace mit Quellenhinweis und ohne sprachliche Relativierungen als Tatsachen gebracht: „Nach Angaben von Greenpeace lagern [nicht: „lagerten"] in Tanks und Rohrleitungen des Shell-Wracks noch etwa 100 Tonnen Giftschlamm und mehrere tausend Kubikmeter verseuchtes Wasser." Am 16. Juni berichtete das Blatt über die Stellungnahme der Deutschen Shell AG dagegen nur distanzierend auf der Grundlage der Darstellung von Greenpeace: Nach Aussage von Shell „seien [nicht: „sind"] von den angeblich 100 Tonnen giftigen Schlamms', die nach Angaben von Greenpeace durch die Versenkung der ‚Brent Spar' ins Meer gelangen" [nicht: „gelangten"] der größte Teil Sand. Der Rest bestehe [nicht: „besteht"] aus Ölrückständen, wie sie auch im Straßenbelag enthalten seien [nicht: „sind"]. Und die radioaktiven Rückstände? Die gleiche Menge könne [nicht: „kann"] man auch im Granit der Häuser ..." finden. Vor dem Hintergrund der im Indikativ berichteten Sichtweise von Greenpeace erschien die in der indirekten Rede präsentierte Stellungnahme von Shell als fragwürdige Meinung. Den Abschluss bildete der Generalverdacht, Shell wolle beschwichtigen statt berichtigen: „Für alles hat Shell eine beruhigende Antwort parat."

Der Grund für den Fehlschlag der Presseerklärung von Shell lag nicht darin, dass sie falsche Informationen enthielt. Die Informationen waren, wie man heute weiß, richtig. Der Hauptgrund lag darin, dass die Informationen im krassen Widerspruch zu den längst etablierten Schemata standen. Ein weiterer Grund bestand darin, dass sie den Überzeugungen der meisten deutschen Journalisten widersprachen. Bereits Ende der achtziger Jahre waren weit mehr als zwei Drittel der deutschen Journalisten der Überzeugung, dass „der Umweltschutz ... Vorrang vor wirtschaftlichen Interessen haben" sollte. Bei den Journalisten, die sich politisch „rechts" einstuften, sahen dies 72 Prozent so, bei jenen, die sich als „links" bezeichneten, sogar 86 Prozent (Kepplinger/Ehmig 1997). Dieser weit verbreiteten Sichtweise gaben die Presseerklärungen von Greenpeace vorzüglich

Ausdruck. Dagegen ließen sie die Pläne von Shell als Beleg für die Notwendigkeit des Misstrauens gegen Großunternehmen erscheinen. Folglich hielten die meisten Journalisten die Informationen von Shell in hohem Maße für unglaubwürdig.

In der alles entscheidenden Phase des Konfliktes vom 17. bis 22. Juni 1995 entsprachen 93 Prozent aller relevanten Aussagen den von Greenpeace etablierten Sichtweisen. Shell besaß folglich in dieser Phase keinerlei Chance, die eigene Sichtweise erfolgreich zu verbreiten. Das Unternehmen konnte seine Sichtweise erst dann besser zur Geltung bringen, als der Konflikt entschieden war: In der Nachhallphase vom 23. Juni bis 9. September 1995 reflektierten nur noch 53 Prozent aller Beiträge die von Greenpeace etablierten Sichtweisen. Allerdings war die Berichterstattung nun wesentlich weniger intensiv. Zudem interessierte das Thema die Bevölkerung weit weniger (Berens 2001).

Die Auswirkung skandalträchtiger Sichtweisen auf die Bevölkerung kann man modellhaft anhand der Skandalierung der anonymen Spenden an Kohl verfolgen. Erste Versuche zur Skandalierung des Finanzgebarens der CDU gab es bereits im Sommer 1999. Sie blieben jedoch, weil sie bei anderen Medien kaum Anklang fanden, erfolglos. Dies änderte sich schlagartig, als bekannt wurde, dass der frühere Schatzmeister der CDU, Walther Leisler Kiep, von Karlheinz Schreiber eine Million DM in einem Koffer erhalten hatte und mit Haftbefehl gesucht wurde. Ihre einzigartige Wucht erhielten die Vorwürfe gegen die CDU jedoch erst dadurch, dass sich einige prominente CDU-Politiker an die Spitze der Skandalierer setzten. Den Auftakt bildete ein Bericht der *Süddeutschen Zeitung* vom 26. November 1999, wonach Helmut Kohl Landesverbände der CDU und einzelne Politiker mit Geld aus schwarzen Kassen unterstützt habe. Zur Sensation geriet diese Meldung, als Heiner Geißler im *WDR*-Mittagsmagazin erklärte, die Darstellung des Blattes sei „im Wesentlichen richtig" (Leyendecker 2000, 198). Die Folge war eine Welle von Vorwürfen und Forderungen von führenden CDU-Politikern an die Adresse von Kohl.

Die Äußerungen der „Aufklärer" in der CDU, wie sie vor allem von links-liberalen Medien anerkennend genannt wurden, besaßen vier Argumentationsstränge. Den ersten Strang bildete die Forderung, Kohl solle die anonymen Spender nennen. Nachdem Geißler am 5. Dezember in der *Frankfurter Allgemeinen Sonntagszeitung* Kohl aufgefordert hatte, Auskunft über die „Herkunft und Verwendung dieser Konten" zu geben, entwickelte sich dies zum zentralen Thema der CDU-Führung. Daran änderte auch die Tatsache nichts, dass die SPD ihre Drohung, der Untersuchungsausschuss werde Kohl in Beugehaft nehmen, um ihn zur Nennung der Spender zu zwingen, schnell fallen gelassen hatte. Spätestens seit dem 22. Dezember, als das CDU-Präsidium in Abwesenheit von acht Mitgliedern Kohl aufgefordert hatte, „die Namen zu offenbaren, die ihm Spenden für die Partei gegeben haben" (*FAZ* 23.12.1999), gehörte dies zu den Standardforderungen führender CDU-Politiker.

Der zweite Strang war die Ämterdiskussion. Die Grundlage hierfür bildete am 22. Dezember ein Artikel von Angela Merkel in der *Frankfurter Allgemeinen Zeitung*. Darin schrieb sie, es sei von Kohl vielleicht „zu viel verlangt, von heute auf morgen alle Ämter niederzulegen [und] sich völlig aus der Politik zurückzuziehen". Schon damals ging es Merkel um „alle Ämter", offen war nur noch der Zeitpunkt. Beides wurde schrittweise konkretisiert. Am 18. Januar forderten Präsidium und Vorstand der CDU Kohl auf, sein Amt als Ehrenvorsitzender ruhen zu lassen, bis er die Spender genannt habe. Wenige Tage später erklärte die Berliner CDU-Senatorin Christa Thoben, Kohl solle die Spender nennen oder sein Bundestagsmandat zurückgeben. Anfang Februar verlangte der CDU-Abgeordnete Horst Eylmann, Kohl solle aus der Fraktion ausgeschlossen werden.

Den dritten Strang bildete die Schadensdiskussion. Ihre Grundlage war die Forderung des Präsidiums vom 22. Dezember, Kohl müsse die Namen der Spender nennen, weil es keine andere Möglichkeit gebe, „Schaden von der Partei abzuwenden". Am gleichen Tag hatte Angela Merkel in dem bereits erwähnten Artikel behauptet, es gehe nicht nur um einen finanziellen Schaden in „Millionenhöhe", sondern auch um den immateriellen – „um die Glaubwürdigkeit Kohls, ... um die Glaubwürdigkeit der CDU, ... um die Glaubwürdigkeit politischer Parteien insgesamt". Nachdem erkennbar war, dass Kohl den von ihm verursachten materiellen Schaden durch eine neue Spendenaktion beheben würde, gabelte sich die Diskussion. Zum einen betonten führende CDU-Politiker wie Schäuble, Merz und Merkel nun den immateriellen Schaden, den Kohl zu verantworten habe. Zum anderen thematisierten sie die Gesamt-Defizite der CDU in Höhe von ca. 100 Millionen DM, womit sie Kohl, ohne ihn direkt anzuklagen, als den Hauptschuldigen an der Finanzmisere der CDU erscheinen ließen.

Den vierten Strang und den thematischen Höhepunkt bildete die Kriminalisierung von Kohl. Ende November 1999 sprach Geißler in dem bereits erwähnten *WDR*-Interview von „schwarzen Konten" der CDU. Mitte Januar behauptete der CDU-Abgeordnete Eylmann, Kohl befände sich im Zustand des „permanenten Verfassungsbruchs" (*FAZ* 18.1.2000). Wenige Tage später äußerte Geißler, Kohls Schweigen wecke den Verdacht, die CDU sei in „Straftaten organisierter Kriminalität" verwickelt (*FAZ* 20.1.2000). Am 4. Februar behauptete Merkel, nach den Aussagen der ehemaligen CDU-Mitarbeiter Horst Weyrauch und Uwe Lüthje gegenüber dem CDU-Bundesgeschäftsführer sei das „Kartell des Schweigens" durchbrochen (*FAZ* 5.2.2000). Am darauf folgenden Wochenende antwortete sie in der *Süddeutschen Zeitung* auf die Frage, ob Kohl Schäuble erpresst habe: „Ja, ich denke schon. Kohl hat immer versucht, alles auszureizen, was er an Erpressungspotenzial" gegen andere hat (5./6.2.2000). Einige Wochen später erklärte Schäuble, ohne Kohl explizit zu nennen, sein eigener Rücktritt sei die Folge einer „Intrige ... mit kriminellen Elementen" gewesen. Dabei seien „immer neue Fährten aus dem Handbuch der konspirativen Desinformation" gelegt worden (*FR* 3.4.2000).

Die Bevölkerung reagierte auf die Enthüllungen und Vorwürfe – im Gegensatz zu dem, was einige der Akteure suggerieren wollten – keineswegs mit spontaner Empörung. Mitte November 1999 hatte die CDU laut Infratest dimap mit 49 Prozent die größte Akzeptanz ihrer jüngeren Geschichte verzeichnet. Danach gingen die Werte unter dem Einfluss der Berichte über die anonymen Spenden leicht zurück – auf 47 Prozent in der zweiten und 45 Prozent in der vierten Dezemberwoche. Auch in der ersten Januarwoche war die Zustimmung zur CDU noch ähnlich groß (43 %). Die Berichterstattung über die bis dahin bekannten Sachverhalte und ihre Bewertung hatten folglich noch keine starke Wirkung hinterlassen. An diesen moderaten Reaktionen hatte auch die Weigerung Kohls nichts geändert, die Spender zu nennen. Sieben Tage nachdem Kohl im *ZDF* öffentlich erklärt hatte, dass er die Namen nicht preisgeben werde, stimmte in einer Ted-Umfrage von *Bild* die Mehrheit (58 %) der These zu, er müsse sein Ehrenwort nicht brechen und die Namen der anonymen Spender nennen. Nur eine Minderheit war gegenteiliger Ansicht (24.12.1999). Zwar können diese Ergebnisse nicht verallgemeinert werden, weil sich in ihnen vor allem die Meinungen der engagierten Anhänger und Gegner Kohls niederschlugen. Sie deuten jedoch darauf hin, dass zu diesem Zeitpunkt Kohls Haltung keineswegs allgemein abgelehnt wurde.

Ab Mitte Januar erlebte die Union dann einen einmaligen Absturz in der Gunst der Wähler. Die Akzeptanz der CDU fiel von 43 Prozent Anfang Januar auf 31 Prozent Ende Februar. Im Sommer 2000 – nach achtmonatigen Attacken – war auch das Urteil über Kohls Schweigen umgedreht. Die Mehrheit, die zunächst noch Verständnis für Kohls Haltung gehabt hatte, war nun der Meinung, die CDU-Spitze sollte sich „weiter von Altkanzler Kohl distanzieren, wenn er die Spender nicht nennt" (*Bild* 15.6.2000). Für die neue CDU-Führung war das Ergebnis nicht besser. Nach wochenlangen Forderungen und Bekenntnissen führender CDU-Politiker glaubten im Februar 2000 nach Angaben der *Süddeutschen Zeitung* (19.2.2000) nur 19 Prozent, die CDU sei dazu bereit, die Affäre vollständig aufzuklären, 79 Prozent bezweifelten dies. Im gleichen Zeitraum war mehr als die Hälfte der Bevölkerung (59 %) davon überzeugt, dass die CDU-Führung „durch ihr Verhalten alles nur noch schlimmer gemacht hat". Nahezu die Hälfte (42 %) hatte den Eindruck, dass einige versucht hatten, „alles Kohl anzulasten, um von eigenen Fehlern abzulenken" (Köcher 2000).

Warum schenkte die Bevölkerung der CDU nicht wieder ihr Vertrauen, nachdem führende CDU-Politiker Kohl als Quelle aller Missstände ausgemacht und ausgeschaltet hatten? Ein wesentlicher Grund lag darin, dass die Parteiführung der CDU die Sichtweise der Skandalierer übernommen und autorisiert hatte: Wenn die Betroffenen die Vorwürfe ihrer schärfsten Kritiker akzeptieren und gelegentlich noch übertreffen, dann müssen sie richtig sein. Zweifel daran wären logisch widersinnig und praktisch aussichtslos. Während den ersten Skandalierern vor allem die Gegner der CDU geglaubt hatten, überzeugten die CDU-Politiker auch die Anhänger, Mitglieder und Mitarbeiter der Partei. Der Irrtum der neuen Parteiführung bestand in der Annahme, bei der Skandalierung gehe es vor allem um Urteile über eng umgrenzte Sachverhalte. Tatsächlich geht es dabei jedoch – ähnlich wie in den Experimenten von Sherif – um die Etablierung allgemeiner Sichtweisen. Sie werden intuitiv auf andere Fälle übertragen und lassen sie auch dann ähnlich erscheinen, wenn sie nichts damit zu tun haben. Folglich erschien nun jeder Finanzvorwurf gegen die CDU, gleich welcher Art und Größenordnung, als Beleg für ihre „Einsicht" in die Sache. So spielte es nach der Etablierung des Spenden-Skandal-Schemas keine Rolle, dass die Vorwürfe teilweise gegensätzlichen Sachverhalten galten: Im einen Fall – den anonymen Spenden – ging es um Zahlungen, die die Partei durch Kohl erhalten hatte, im anderen Fall – der Kofferspende – um Geld, das der Partei von Leisler Kiep vorenthalten wurde. Nach der Etablierung des Schemas der kriminellen Machenschaften der CDU und seiner Autorisierung durch prominente CDU-Politiker waren solche Unterschiede jedoch irrelevant. Beides wurde, der Logik des Skandals folgend, der Partei angelastet, die damit zugleich insgesamt als unglaubwürdig galt.

4 Dramatisierung des Geschehens

Jeder Skandal beruht auf Dramatisierungen. Nach dem Austritt von ortho-Nitroanisol bei der Hoechst AG am 22. Februar 1993 genügte nicht die Schlagzeile: „Chemikalien gefährden Anwohner". Einen Tag nach dem Unfall hieß es in der *Frankfurter Rundschau:* „Gelber Giftregen verseucht Frankfurts westliche Stadtteile". Tags darauf steigerte *Bild* die Gefahr zur Langzeitbedrohung: „Frankfurter Gift-Explosion. Schwanheim ein Jahr verseucht". Eine Woche nach dem Unfall forderte der Toxikologe Otmar Wassermann im Dritten Programm des *Hessischen Fernsehens,* „dass die Kinder jetzt in der akuten Phase" evakuiert werden müssten. „Nach 14 Tagen ... oder nach einer Woche" könnten sie dann wieder zurückkehren. Am folgenden Tag legte *Bild* noch einmal zu: „Hoechst-Skandal. Mütter flehen: Holt unsere Kinder aus dem Gift" (Kepplinger/Hartung 1995, 93 ff.).

Anfang März präsentierte die *ARD* Mitarbeiter der Hoechst AG, deren Stimmen technisch verzerrt und deshalb unverständlich waren. Dazu hieß es: „Wissenschaftlicher Werte-Wirrwarr und Inflation von so genannter Information, aber nichts, was die Angst nehmen könnte in Sachen Gift und Langzeitwirkung". „Die Giftbelastung soll", so der Reporter, „abnehmen, doch die Angst nimmt zu". Belegt wurde dies durch Zeitlupenaufnahmen von Reinigungsarbeiten, windverwehten Plastikteilen und einem einsamen Kind auf weiter Flur. Ihm stellte der Reporter die einfühlsame Frage: „Und wie ist es mit Dir, hast Du Angst vor dem Gift für Dich?" Vorangegangen war diesem und ähnlichen Berichten die Stellungnahme einer Expertenkommission des Hessischen Umweltministeriums. Die Experten hatten, von einer Ausnahme abgesehen, eine akute Gefährdung der Bevölkerung einhellig verneint. Die Ausnahme war der Kieler Toxikologe Wassermann, der als einziger der Experten in den Medien umfangreich zu Wort kam.

Bei der Skandalierung der Firma Müller-Milch genügte nicht die Meldung, dass das Unternehmen, gestützt auf eine mündliche Zusage, jedoch im Vorgriff auf die schriftliche Genehmigung, zu viel Grundwasser entnommen hatte. Die Wasserentnahme wurde als krimineller Akt charakterisiert. So behaupteten die *Nürnberger Nachrichten*: „Milchgigant klaut Wasser", und die *Süddeutsche Zeitung* meldete: „Milchfirma wird Wasser-Diebstahl vorgeworfen". *Bild* behauptete das Gegenteil – danach wusste die Behörde von der Wasserentnahme – dramatisierte dies jedoch ebenfalls. Dort hieß es: „Müllermilch: Die Behörden dulden Raubbau am Grundwasser". Einige Blätter begnügten sich nicht mit der Behauptung, das Unternehmen habe zu viel Grundwasser entnommen. Dort war die Rede vom Missbrauch „tertiären ... Grundwassers", womit der Verlust eines uralten und unersetzlichen Naturschatzes suggeriert wurde (Kepplinger/Hartung 1993, 14 ff.).

Bei der Skandalierung des Militäreinsatzes gegen Saddam Hussein im Golfkrieg 1991 genügten nüchterne Berichte über die brennenden Ölquellen nicht. Es mussten Untergangsszenarien sein. Der *Spiegel* ging mit der ganzen Wucht einer Titelgeschichte über den „Schwarzen Regen" den Fragen nach: „Wird in Indien der Monsun ausbleiben? Wird das Weltklima gestört, der Treibhauseffekt weiter angeheizt?" Bereits im Vorspann hieß es: „Bis die Ölbrände gelöscht sind, können Jahre vergehen." Zweifel an den dramatischen Vorhersagen der zitierten Experten wurden als Beschwichtigungsversuche von Personen charakterisiert, „die auch den Atomkrieg noch für führbar halten wollten". Illustriert wurden die Horrorszenarien vom *Spiegel*, der normalerweise nicht durch Bibelgläubigkeit auffällt, mit einem Zitat aus Kapitel 9 der „Offenbarung", in dem der Prophet den Untergang der Welt als Folge eines Krieges um Babylon schildert: „Und er tat den Brunnen des Abgrunds auf, und es ging auf ein Rauch aus dem Brunnen wie der Rauch eines großen Ofens, und es ward verfinstert die Sonne und die Luft vom Rauch des Brunnens" (4.3.1991).

Bei der Skandalierung des Einsatzes der GSG 9 auf dem Bahnhof von Bad Kleinen wurde die Erschießung des mutmaßlichen Terroristen Wolfgang Grams nicht gegen die Verhaftung von Birgit Hogefeld abgewogen, die ebenfalls der Terrorszene zugerechnet wurde. Stattdessen wurde das Geschehen zu einer Gewaltorgie der GSG 9 stilisiert. Laut *Bild* fand bei einer „wilden Schießerei" ein „Blutbad" statt (29.6.1993). *Monitor* und der *Spiegel* stellten die Erschießung von Grams als Hinrichtung bzw. „Exekution" dar (1. bzw. 5.7.1993). Der *Spiegel* bezeichnete den Einsatz als „blutigen Shootout" und „Wildwest-Ballerei"; Die *Zeit* charakterisierte ihn als „Katastrophe" und „Desaster" (23.7.1993). Fehler beim Einsatz der GSG 9 wurden als Folge von Unfähigkeit dargestellt. Für die *Zeit* waren sie das Ergebnis „gedankenloser Versäumnisse" (20.8.1993), der *Spiegel* sprach von „Schlampereien" und „Schludereien" (27.9.1993). Für die *Süddeutsche Zeitung* war der Einsatz der GSG 9 in Bad Kleinen, obwohl mit der Verhaftung von Hogefeld die erste Festnahme seit mehreren Jahren gelungen war, sogar „das größte Desaster der Sicherheitskräfte im Kampf gegen den linken Terrorismus" (8.11.1993).

Bei der Skandalierung der BSE-Infektion von deutschen Rindern wurden im Winter 2000/2001 wochenlang erschreckende und Ekel erregende Bilder von kranken, sterbenden und toten Tieren in den Nachrichten, Magazinen und Sondersendungen des Fernsehens gezeigt. Ausgiebig wurde das grauenhafte Schicksal von Menschen, die an der mit BSE verwandten Version der Creutzfeldt-Jakob-Krankheit (vCJK) leiden, dokumentiert. Die alles entscheidende Frage wurde jedoch nicht gestellt oder sie ging in der Flut der empörenden Bilder unter: Wie wahrscheinlich ist es, dass in Deutschland jemand an vCJK erkrankt, angesichts der Tatsache, dass weniger als 0,01 Prozent der getesteten Rinder BSE hatten und die Gefahr einer Übertragung auf Menschen statistisch sehr gering ist? Die Antwort hätte lauten können: Es ist gefährlicher zu heiraten als Rindfleisch zu essen, weil man eher vom eigenen Lebenspartner ermordet wird, als dass man durch Rindfleisch ums Leben kommt.

Überblickt man die Dramatisierungen in Skandalen, kann man sechs Typen erkennen:
1. *Horror-Etiketten*: Missstände oder Schäden werden mit extremen Begriffen bezeichnet („Waldsterben", „Giftregen", „Schwarzer Regen", „Killer-Bakterien", „Katastrophe", „Desaster").
2. *Verbrechens-Assoziationen*: Normverletzungen werden als schwere Kriminalität oder als schwerer Verstoß gegen allgemeine ethische

Grundssätze charakterisiert („Verfassungsbruch", „Wasserdieb-
stahl", „Blutbad", „Blutordensträger").

3. *Super-GAU-Spekulationen*: Maximale Schäden werden als sehr
wahrscheinlich präsentiert, ihre tatsächliche Unwahrscheinlich-
keit wird ausgeblendet: „Schon bald, so befürchten Klimaforscher,
wird sich im ganzen Orient eine Rußschicht zwischen Sonne und
Erde schieben, die das Sonnenlicht abdunkelt. Die Temperaturen
werden sinken – eine Vorstufe des nuklearen Winters" – so der
Spiegel (4.3.1991) über die Folgen des Golfkrieges.

4. *Katastrophen-Collagen*: Missstände und Schäden werden in eine
Reihe mit Extremfällen gestellt: „Nach dem unheimlichen Angriff
der Aidsviren, des Rinderwahnsinns und der Schweinepest, for-
mieren sich nun die Killerbakterien zum finalen Schlag gegen die
Menschheit. Wie Aliens, Wesen aus einer anderen Welt, fressen sie
den Homo sapiens mit Haut und Fettgewebe in Windeseile auf" –
so *Spiegel-TV* am 29.5.1994 (Kalt/Hanfeld 1995).

5. *Schuld-Stapelungen*: Kleinere Normbrüche, die kaum Konsequenzen nach sich ziehen würden, werden bei der seriellen Skandalierung als Teile einer Serie von ähnlichen Fällen dargestellt, die aufeinander gestapelt den Eindruck eines großen Missstandes hervorrufen, dessen Ursachen im Charakter des Akteurs liegen. Beispiele hierfür liefern die Skandalierung von Günther Krause
(Raststätten-, Grundstücks-, Putzfrauen-, Umzugs-, Kneipen-Af-
fären), Kurt Biedenkopf (Gästehaus-, Koch-, Gärtner-, Putzfrau-
en-, Yacht-Affären) und Rudolf Scharping (Pool-, Flugbereit-
schafts-, PR-Affäre).

6. *Optische Übertreibungen*: Missstände, Schäden und Normverletzungen werden durch Fotos oder Filme als besonders schwer wiegend, gefährlich oder beängstigend dargestellt – so die exzessive
Darstellung von Schlachthofszenen in der BSE-Krise im Winter
2000/01. Gelegentlich werden Aufnahmen von Sachverhalten veröffentlicht, die ein Laie nicht interpretieren kann, jedoch Angst
erregen – so während der SARS-Epidemie die Aufnahmen von
Chinesen mit Mundschutz, dessen Effektivität höchst fragwürdig
war. Von Zeit zu Zeit wird die Wirkung der Bilder auch durch
technische Mittel (Zeitlupe, Vergrößerung) oder durch suggestive

Textzusätze gesteigert – so in dem oben skizzierten Bericht über den ortho-Nitroanisol-Unfall bei der Hoechst AG.

Bei vielen Skandalen stammen die Dramatisierungen nicht von den Medien. Die Medien – oder zumindest ein wichtiger Teil von ihnen – übernehmen sie von Wortführern im vormedialen Raum. So verglich zunächst Greenpeace die Brent Spar mit dem „Giganten Troll"; die Warnung vor Birkel-Nudeln stand in einer Pressemitteilung des Regierungspräsidiums Stuttgart; die Charakterisierung Filbingers als „„furchtbaren Juristen‘", der nur „dank des Schweigens derer, die ihn kannten, auf freiem Fuß" ist, entstammt einem Buch von Rolf Hochhuth; die Forderung nach Evakuierung der Schwanheimer Kinder erhob der Toxikologe Otmar Wassermann; die Vermutung, am Golf stehe die Vorstufe des nuklearen Winters bevor, kam von dem Klimaforscher Christoph Brühl; die Behauptung, Holger Grams sei kaltblütig exekutiert worden, beruhte auf der Darstellung eines Zeugen; die These, Kohls Verstoß gegen das Parteiengesetz sei Verfassungsbruch, wurde von Heiner Geißler propagiert usw.

Was ist die Ursache der publizistischen Resonanz solcher Übertreibungen, deren Charakter häufig leicht erkennbar ist? Liegt es an einer allgemeinen Vorliebe von Journalisten für Übertreibungen? Das trifft – wie eine Befragung von Redakteuren bei Tageszeitungen im Winter 1998/99 zeigt – nur bedingt zu. Dies belegen ihre Reaktionen auf folgende Sachdarstellung: „Journalisten stellen Probleme gelegentlich überspitzter dar, als sie nüchtern betrachtet sind. Halten Sie eine solche Darstellung für vertretbar oder nicht?" Ein Viertel der Redakteure von Abonnementzeitungen (26 %) fand überspitzte Darstellungen generell akzeptabel. Dies ist eine bemerkenswerte Minderheit. Eine gewisse Bereitschaft zur Dramatisierung ist offensichtlich vorhanden. Eine generelle Neigung zur Dramatisierung von Missständen lässt sich daraus jedoch nicht ableiten.

Für die meisten Redakteure (52 %) waren überspitzte Darstellungen nur „in Ausnahmefällen ... vertretbar". Welche „Ausnahmefälle" sind das? Was könnte die Abweichung von der Regel rechtfertigen? „Die Zwänge des Wettbewerbs um Leser" sind es nach Auskunft der

Zeitungsredakteure nicht. Weniger als ein Fünftel (18 %) akzeptierte diesen Grund. Auch den „Reiz einer starken Geschichte", den man durch eine Zuspitzung von Problemen erreichen kann, ließ nur eine Minderheit (26 %) gelten. Noch weniger waren der Meinung, die Möglichkeit zur „Diskussionsanregung" rechtfertige einen Verstoß gegen das Prinzip der nüchternen Nachrichtengebung (5 %). Selbst „als Stilmittel, zum Beispiel in Glossen" wollte kaum ein Redakteur (2 %) sachlich fragwürdige Zuspitzungen hinnehmen. Ganz anders sieht es aus, wenn es um „die Beseitigung eines Missstandes" geht – und genau darum geht es bei einem Skandal. Dies rechtfertigt nach Ansicht fast aller Journalisten (88 %), die die Überspitzungen normalerweise ablehnen, eine übertriebene Darstellung des Geschehens. Bei der Skandalierung von Missständen hält folglich nicht nur das Viertel der Redakteure Übertreibungen für vertretbar, das dies allgemein so sieht. Hinzu kommen drei Viertel derer, die Übertreibungen normalerweise ablehnen. Dies sind weitere 46 Prozent von allen. Bei Skandalen halten folglich bis zu 72 Prozent der Redakteure von Abonnementzeitungen Übertreibungen für vertretbar. Hierbei handelt es sich zwar um einen Maximalwert, der praktisch nur bei großen Skandalen erreicht wird, weil verschiedene Journalisten normalerweise unterschiedliche Ansichten über die Größe eines Missstandes haben. Andererseits dürfte jedoch die Bereitschaft zu Übertreibungen bei den Mitarbeitern einiger Mediengattungen noch wesentlich größer sein als bei den Redakteuren von Abonnementzeitungen (Kepplinger/Knirsch 2002).

Die Bereitschaft zur übertriebenen Darstellung von Missständen bzw. die Bereitschaft zu ihrer Hinnahme beruht auf einer Kette von impliziten Annahmen, über die die meisten Redakteure sich vermutlich keine Rechenschaft ablegen: Der Missstand muss tatsächlich so groß sein, wie er ihnen im Moment erscheint. Seine publizistische Übertreibung muss tatsächlich die beabsichtigten Folgen auslösen, was kaum vorhersehbar ist. Die Folgen müssen tatsächlich allgemein als positiv gelten, was in vielen Fällen nicht zutrifft. Zudem darf die Übertreibung keine unbeabsichtigten negativen Nebenfolgen nach sich ziehen, was unwahrscheinlich ist. Die Analyse zahlreicher Skandale belegt, dass solche Nebenfolgen häufig auftreten. Dazu gehören nicht nur unbeabsichtigte Auswirkungen der Skandalberichte auf die Skandalierten und ihre soziale Umgebung, sondern gelegentlich auch die massive Irreführung des Publikums.

Die übertriebene Darstellung von atypischen Einzelfällen bildet ein wesentliches Element der Skandalierung von Schadensfällen – Verkehrsunfällen, Betriebsstörungen, Medikamenten-Nebenwirkungen, Lebensmittel-Verunreinigungen usw. Meist fehlt in solchen Beiträgen jeglicher Hinweis auf die relative Häufigkeit derartiger Vorkommnisse und auf die relative Gefahr für die Menschen, die davon betroffen sind oder betroffen sein können. Dabei wecken übertriebene Darstellungen selbst dann falsche Vorstellungen von der Häufigkeit extremer Fälle, wenn die Beiträge richtige statistische Angaben über ihre tatsächliche Häufigkeit enthalten. Dies belegt die Wirkung von Berichten über Überfälle auf Autos („carjacking"). In der Regel gehen diese Überfälle glimpflich aus, Todesfälle sind extrem selten. Enthalten Berichte über solche Überfälle Schilderungen von Einzelfällen, dann überschätzen die Leser die Häufigkeit tödlicher Überfälle umso mehr, je extremer die geschilderten Einzelfälle sind – und zwar unabhängig von korrekten Hinweisen auf die tatsächlichen Folgen der Überfälle im Text. Zugleich halten die Leser die berichteten Extremfälle besonders häufig für typisch und betrachten zudem Auto-Überfälle insgesamt häufig als ein nationales Problem (Gibson/Zillmann 1994).

Eine zwingende Erklärung für die ungewöhnlich starke Wirkung der Darstellung atypischer Einzelfälle im Vergleich zu genauen statistischen Angaben gibt es nicht. Allerdings kann man eine Reihe von Ursachen ausschließen: Es liegt nicht an der Lebendigkeit der Darstellung von Einzelfällen; es liegt nicht an der Menge der Informationen; es liegt nicht an der Personalisierung der Themen; es liegt auch nicht an der Ähnlichkeit der beschriebenen Personen und der Leser. Als wahrscheinlichster Grund für die starke Wirkung der Berichterstattung über Einzelfälle bleibt die Entwicklung der Fähigkeit des Menschen zur Realitätswahrnehmung: Statistische Informationen stehen uns erst seit relativ kurzer Zeit zur Verfügung, und nur wenige lernen damit umzugehen. Die Verallgemeinerung von Einzelfällen gehört dagegen zu den traditionellen Schlussfolgerungen, mit denen wir uns über den konkreten Anlass hinaus ein generelles Bild verschaffen (Daschmann 2001). Dies schlägt sich bis heute in der Doppelbedeutung des Begriffs „repräsentativ" nieder: So bezeichnen wir Einzelfälle auch dann als repräsentativ, wenn sie nicht im statistischen Sinn repräsentativ sind, aber – zu Recht oder Unrecht – als typisch gelten.

Eine spezifische Form der Übertreibung ist die Darstellung ungesicherter Fakten und Vorwürfe als bewiesenermaßen schuldhaftes Verhalten. Beispiele hierfür liefern die Skandalierungen von Späth und Stolpe, Barschel und Lafontaine, Kohl und Rau. Die Ansichten von Redakteuren bei Druck- und Funkmedien zur Zulässigkeit von unbewiesenen Schuldbehauptungen wurden während der Flick-Affäre im Sommer 1984 anhand eines damals aktuellen Falls erfragt. In der Fallbeschreibung hieß es: „In der so genannten Spendenaffäre um den Flick-Konzern war ja Wirtschaftsminister Lambsdorff anklagt worden. Obwohl das Gericht in der Sache noch nicht entschieden hatte, wurde Lambsdorff in den Medien immer wieder Bestechlichkeit vorgeworfen. Hierüber kann man sicher verschiedener Ansicht sein. Welcher der beiden folgenden Ansichten stimmen Sie eher zu?" Ein Drittel der befragten Journalisten (35 %) war der Ansicht, man dürfe den Schuldvorwurf nicht erheben, wenn er nur auf Vermutungen beruhe. Die relative Mehrheit (44 %) meinte dagegen, man könne in öffentlichen Auseinandersetzungen nicht so lange warten, bis die Gerichte entschieden hätten. Der Vorwurf sei deshalb auch dann zulässig, wenn er sich nachträglich als unbegründet herausstelle.[2] Von denjenigen, die überhaupt nicht an Lambsdorffs Bestechlichkeit glaubten, hielt nur ein Fünftel (20 %) seine Vorverurteilung für berechtigt, von denjenigen, die fest daran glaubten, waren es über zwei Drittel (65 %): Offensichtlich besitzt die Forderung, keine ungesicherten Verdächtigungen zu publizieren, genau

---

2 Die Mehrheit der Bevölkerung im Rhein-Main-Gebiet sah dies bei einer gleichzeitig durchgeführten persönlichen Befragung (n = 822) anders: 58 % lehnten eine Vorverurteilung ab, nur 25 % hielten sie für zulässig. Noch strenger urteilten 1987 bei einer schriftlichen Befragung Rundfunk- und Fernsehräte (n = 266): 82 % missbilligten eine Vorverurteilung, nur 12 % hielten sie für zulässig. Vgl. Kepplinger/Hartmann 1989, 42-45.

dort keine Wirkung, wo sie aus der Sicht der Skandalierten gefragt ist (Kepplinger/Brosius/Staab/Linke 1989).

Zwischen der Einschätzung der Größe der Missstände und der Akzeptanz von Übertreibungen besteht ein enger Zusammenhang: Je größer der Missstand erscheint, desto eher sind Übertreibungen im Interesse seiner Beseitigung akzeptabel. Dies ist der Grund dafür, dass die absurdesten Übertreibungen bei der Skandalierung der vermeintlich größten Missstände auftreten – der Darstellung der Gefährdung der Bevölkerung im Umkreis der Hoechst-Werke durch ortho-Nitroanisol, der Bewohner im Nahen Osten durch brennende Ölquellen, der Patienten durch „Killerbakterien" usw. Die Akzeptanz von Übertreibungen im Journalismus hängt folglich davon ab, ob es den Wortführern eines Skandals gelingt, den Schaden möglichst groß erscheinen zu lassen. Je besser ihnen dies gelingt, desto eher brechen die Dämme, die normalerweise eine Vorverurteilung verhindern. Ein Schlüssel zur erfolgreichen Skandalierung eines Missstandes ist deshalb seine glaubhafte Übertreibung. Im Extremfall geht es nicht mehr darum, dass die Darstellung der Realität möglichst nahe kommt, sondern darum, dass sie sich möglichst weit davon entfernt, ohne dass sie unglaubwürdig wird oder rechtliche Konsequenzen nach sich zieht.

5 Koorientierung und Konsens

Der Skandal vereint die Gleich gesinnten. Am 7. August 2000 – der CDU-Spenden-Skandal hatte seinen Höhepunkt bereits überschritten – veröffentlichte der *Spiegel* eine Meldung über die Verwendung der anonymen Spenden an Kohl. Unter der Überschrift „Spendenaffäre. Plakative Verwendung" hieß es dort, „nach Ermittlungen der Bonner Staatsanwaltschaft steckte Kohl die 2,17 Millionen DM, die er zwischen 1993 und 1998 von unbekannten Gönnern bekam, nicht, wie er sagte, überwiegend in den Aufbau der ostdeutschen CDU, sondern in Wahlkampf und Meinungsforschung im Westen". Die implizite Botschaft lautete: Kohl hat gelogen. Weil der Kurzbericht als Vorabmeldung verbreitet worden war, meldeten die meisten Hörfunk- und Fernsehsender sowie einige Sonntagsblätter die Neuigkeit, bevor der *Spiegel* an den Kiosken war. Nahezu die Hälfte der Zeitungen übernahm die Meldung. Viele spitzten ihre zentrale Aussage noch zu: „Kohl Ost-Lüge: Spenden gingen in den Westen" *(Berliner Kurier)*, „Helmut Kohl und die Spenden: Doch anders verwendet?" *(Frankfurter Neue Presse)*, „Spenden doch nicht für Ost-CDU" *(Wiesbadener Kurier)*, „Staatsanwalt: Kohl gab Spenden im Westen aus" *(Darmstädter Echo)*, „Staatsanwaltschaft sieht Anhaltspunkte für Betrug Kohls am Staat" *(Passauer Neue Presse)*. Damit war die *Spiegel*-Meldung zu einem Selbstläufer geworden, der sein skandalträchtiges Eigenleben entfaltete.

Wie hatte der *Spiegel* seine Botschaft belegt? Die Basis bildeten die anonymen Spenden (2,17 Millionen) in einem Zeitraum von sechs Jahren (1993-98). Als Ausgaben erwähnte er „fast die Hälfte" von 900.000 DM – grob geschätzt 440.000 DM –, die an die westdeutsche Werbefirma Wesselmann ging, „die für die CDU Großflächenplakate klebte". Zudem nannte er 75.000 DM, mit denen „zwei Rechnungen des Instituts für Demoskopie Allensbach ... für die Landes-CDU in Mainz bezahlt" wurden, sowie „weitere 70.000 DM zur Anmietung von 40 Flächen für Großplakate", wobei offen blieb, ob sie in

West- oder Ostdeutschland lagen. Der *Spiegel* belegte seine These folglich mit Ausgaben von ca. 585.000 DM – das sind 27 Prozent der genannten Spenden in Höhe von 2,17 Millionen. Es verbleiben folglich 73 Prozent für die ostdeutsche CDU. Auf dieser Basis lässt sich die Behauptung, Kohl habe „nicht wie er sagte" die Spenden „überwiegend in den Aufbau der ostdeutschen CDU" gesteckt, offensichtlich nicht belegen.

Nach Kohls Darstellung hat die westdeutsche Werbefirma Wesselmann in Ostdeutschland Plakate geklebt, weil die dortige CDU organisatorisch dazu nicht in der Lage war. Demnach wurden von den 2,17 Millionen nur 145.000 DM für andere Zwecke ausgegeben. Das entspricht sieben Prozent. Über den Ort, an dem die Flächen für „Großplakate" angemietet wurden, machte der *Spiegel* keine Angaben. Nimmt man an, dass dies in den neuen Ländern geschah, wo nach Kohls Darstellung die Plakataktion durchgeführt wurde, bleiben 75.000 DM, die zugunsten der rheinland-pfälzischen CDU ausgegeben wurden. Das entspricht drei Prozent der Gesamtsumme. Auf dieser Basis stimmt die Behauptung über Kohl noch weniger. Bleibt die Annahme, die Basis der Behauptung über Kohls angeblich falsche Verwendungs-Angabe seien nur die Einnahmen und Ausgaben 1993 gewesen. Auch dann geht die Rechnung jedoch nicht auf.

Der *Spiegel* hatte sich auf „Ermittlungen der Staatsanwaltschaft Bonn" berufen und nach Angaben der *Süddeutschen Zeitung* vom 7. August 2000 hatte der „Bonner Staatsanwalt Roland Wangen" den Bericht des Nachrichtenmagazin „bestätigt". Dies wirft die Frage auf, was die Staatsanwaltschaft ermittelt und was Staatsanwalt Wangen bestätigt hatte. Hatte er bestätigt, dass die Spenden „überwiegend nicht" in Ostdeutschland verwendet wurden? Oder hatte er bestätigt, dass sie „auch" in den Westen geflossen sind? Im ersten Fall hätten sich der *Spiegel* und andere zu Recht auf die Staatsanwaltschaft berufen, im zweiten Fall nicht. Zwei Monate nach dem *Spiegel*-Artikel und einer Flut von dramatisierenden Nachfolge-Geschichten, die ihre Brisanz durch die Erklärung der Bonner Staatsanwaltschaft erhalten hatten, äußerte Staatsanwalt Wangen auf eine schriftliche Anfrage, der „genaue Wortlaut" seiner „damaligen Stellungnahme", die er „fernmündlich abgegeben" habe, sei ihm „nicht mehr erinnerlich".[3] Was die Staatsanwaltschaft ermittelt und was Staatsanwalt Wangen bestätigt hatte, bleibt folglich unbekannt. Bekannt ist nur, was in Dutzenden von Meldungen daraus wurde.

Gleichgültig wie man die vom *Spiegel* gelieferten Belege interpretiert – in keinem Fall stützen sie die vom *Spiegel* nahe gelegte Folgerung, Kohl habe über die Verwendung die Unwahrheit gesagt. Dies konnte jeder anhand der Zahlen, die der *Spiegel* genannt hatte, feststellen, und tatsächlich hatte der *Spiegel* die erwähnte Folgerung selbst auch nicht gezogen. Stattdessen hatte er Kohls Behauptung nur in Frage gestellt. Warum hatten aber dann zahlreiche Redakteure die implizite Botschaft der *Spiegel*-Meldung aufgegriffen, zugespitzt und weiterverbreitet? Warum hatten sie nicht mit einer Überschlagsrechnung geprüft, ob die Fakten die Folgerung belegen? Im Einzelfall dürfte die Absicht eine Rolle gespielt haben, Kohl und der CDU zu schaden. Wenn das aber der entscheidende Grund gewesen wäre, dann hätten die gleichen Redaktionen bereits 1995 den *Spiegel*-Artikel über die geheimen Konten der CDU aufgreifen müssen, zumal sie der Regierung Kohl damit erheblich mehr geschadet hätten. Zu den politischen Motiven, die einige Medien zur Übernahme und Übersteigerung der *Spiegel*-Meldung verleitet haben mögen, mussten folglich andere Gründe kommen, die in der Natur der Skandalberichterstattung liegen.

Der erste Grund für die erstaunliche Resonanz der fragwürdigen *Spiegel*-Meldung war die intensive Orientierung der Journalisten aneinander. Die Angehörigen aller Berufe beobachten ihre Kollegen. Sie sind Gegner im beruflichen Wettbewerb, liefern die Maßstäbe für Leistungsvergleiche und sind Autoritäten der Kollegenkritik. In keinem anderen Beruf ist jedoch die Kollegenorientierung so intensiv und schnell wie im Journalismus. Die Lektüre zahlreicher Tageszeitungen gehört zur Routine von Fernsehredakteuren. Zeitungsredakteure verfolgen den ganzen Tag über die Nachrichten der Hörfunk- und Fernsehsender. Dabei gibt es Leitmedien wie die *Frankfurter Allgemeine Zeitung* und die *Süddeutsche Zeitung*, den *Spiegel* und *Focus* sowie eine Reihe anderer Blätter. Sie genießen innerhalb des

---

3 Schreiben an den Verfasser mit Datum vom 18. Oktober 2000.

Journalismus hohes Ansehen und werden intensiv gelesen. Sie dienen als Quellen der Anregung für eigene Artikel und als Richtmaß zur Beurteilung der eigenen Beiträge. Zu diesen Leitmedien gehört seit einigen Jahren auch die *Bild*-Zeitung, die innerhalb der Medienlandschaft neben den genannten Blättern eine zentrale Position gewonnen hat (Reinemann 2003). Ein Grund für den Aufstieg der unter Journalisten eher ungeliebten *Bild*-Zeitung in den Kreis der Leitmedien dürfte darin liegen, dass das Blatt zu einem der erfolgreichsten Skandalierer geworden und damit für Journalisten so wichtig geworden ist, dass sie nicht daran vorbeikommen. Die Leitmedien werden von anderen Medien häufig zitiert, wodurch ihre Stimme auch jene erreicht, die die Leitmedien nicht lesen (*Medien Tenor* 15.1.2000).

Die generell starke Koorientierung im Journalismus wird bei Skandalen und anderen spektakulären Ereignissen noch intensiver, weil die Redaktionen die Meldungen anderer Medien verstärkt zur Justierung ihrer eigenen Beiträge heranziehen. Deshalb ist bei der Skandalberichterstattung die Normbildung in den Medien spätestens innerhalb von zwei bis drei Wochen abgeschlossen. Dies betrifft sowohl die Gewichtung der Themen als auch die Bewertung des Geschehens (Berens 2001). Die starke Koorientierung im Journalismus ist die entscheidende Ursache des für Skandale typischen Verlaufs der wertenden Berichterstattung (vgl. Kapitel 2): Die am Beginn noch unterschiedlichen Urteile verschiedener Medien gleichen sich innerhalb weniger Tage einander an und treffen sich im negativen Bereich. Sobald dieser Zustand eingetreten ist, ist die Skandalierung gelungen und der Skandalierte kann nur noch hoffen, dass „sein" Skandal von wichtigeren Themen verdrängt wird oder den aktiven Medien der schlagzeilenträchtige Stoff ausgeht. Ein Beispiel für den ersten Fall liefert die Berichterstattung über den Reaktorunfall bei Tschernobyl, der 1986 den gerade angelaufenen Skandal über das „Celler Loch" – den fingierten Ausbruch eines auf die RAF angesetzten V-Mannes aus dem Gefängnis in Celle – aus den Medien sprengte. Ein Beispiel für den zweiten Fall war 2004 die Berichterstattung über die tödlichen Nebenwirkungen von Vioxx, die sich – im Gegensatz zur Skandalierung der tödlichen Nebenwirkungen von Lipobay drei Jahre zuvor – aus einem Mangel an zusätzlichen Angriffspunkten innerhalb weniger Tage totlief.

Bei jedem Skandal gibt es im Journalismus wenige Wortführer, einige Mitläufer, viele Chronisten und kaum Skeptiker. Die Wortführer recherchieren meist intensiv an der Geschichte, bevor der Fall publik wird. Sie besitzen gute Kontakte zu Informanten, verfügen über Hintergrundinformationen und haben ausgezeichnete Detailkenntnisse. Ab einem bestimmten Punkt sind sie von der Wahrheit ihrer Geschichte fest überzeugt. Sie glauben an die Schuld des Skandalierten, interpretieren ihre Informationen entsprechend, betrachten Zweifel an ihrer Darstellung als Vertuschungsversuch und revidieren sie meist auch dann nicht, wenn sie sich als falsch oder unwahrscheinlich herausstellt. Im Zweifelsfall haben sich die Gutachter geirrt, die Zeugen gelogen, die Gerichte falsch entschieden.

Bei den Wortführern der Skandalierung von Missständen handelt es sich meist nur um höchstens fünf Journalisten. Die Skandalierung der Firma Müller-Milch 1991 wurde von zwei Journalisten vorangetrieben: Klaus Wittmann, der für mehrere Blätter schrieb, und Andreas Roß von der *Süddeutschen Zeitung*. Die Wortführer der Skandalierung von Lothar Späth waren drei Journalisten: Benno Bertsch und Martin Born vom *Südwestfunk* sowie Hans Leyendecker, der damals noch beim *Spiegel* war und jetzt für die *Süddeutsche Zeitung* schreibt (Kepplinger/Hartung 1993). Die Wortführer der Skandalierung von Peter Gauweiler im Münchner OB-Wahlkampf von 1993 („Kanzlei-Affäre") waren ebenfalls drei Autoren: Ulrike Heidenreich von der *Abendzeitung* sowie Michael Stiller und Sven Loerzer von der *Süddeutschen Zeitung* (Kepplinger/Eps/Augustin 1993). Bei sehr großen Skandalen wie dem CDU-Spendenskandal treiben vermutlich mehr Wortführer den Fall voran. Aber auch dann dürften es allenfalls fünf bis zehn sein.

Der Erfolg oder Misserfolg der journalistischen Wortführer hängt vor allem von den Mitläufern und Chronisten ab. „Wir sind darauf angewiesen", so Georg Mascolo vom *Spiegel*, der wesentlichen Anteil an der Skandalierung der CDU-Finanzen hatte, „dass sich Kollegen unterhaken, dass auch andere sagen: Da müssen wir weitermachen" (*message* 2/2000). Nur wenn Kollegen die Vorgaben der Wortführer aufgreifen, wird aus einem Skandalierungsversuch ein Skandal. Diese Erfahrung hatte Mascolo im CDU-Spendenskandal selbst gemacht: Am 19. Juli 1999 – dreieinhalb Monate bevor Berichte über die Koffer-Million an Leisler Kiep die allgemeine Empörung über das Finanzgebaren der CDU auslösten – hatte er im *Spiegel* den gleichen Sachverhalt berichtet, ohne dass dies eine erkennbare Reaktion auslöste. Dort hieß es bereits damals, Kiep habe von Karlheinz Schreiber „eine Million Mark ... bekommen". Einige Wochen später schrieb er an gleicher Stelle, Kiep habe von Karlheinz Schreiber „eine Million Mark kassiert". Einen Skandal entfachte auch das nicht, weil die anderen Medien das Thema nicht aufgriffen. Was fehlte, war nicht das Wissen, sondern der mafiöse Aufhänger – der Koffer, der Parkplatz, die Million in bar und der Haftbefehl gegen Leisler Kiep.

Bei den Mitläufern handelt es sich um Journalisten, die meist keine eigenständigen Recherchen vor Ort betreiben. Sie stützen sich vor allem auf ihre kundigen Kollegen und reichern die bekannten Tatsachenbehauptungen mit marginalen Details oder passenden Spekulationen an. Dies trifft selbst auf sensationelle Ausnahmefälle wie den vermeintlichen Mord in Sebnitz zu, bei dem viele Journalisten vor Ort erschienen. Als am 23. November 2000 zahllose Zeitungs-, Radio- und Fernsehreporter in die sächsische Kleinstadt strömten, wurde die dortige Lokalredaktion der *Sächsischen Zeitung* innerhalb von zwei Tagen von mehr als 50 „Ersuchen nach Interviews, Informationsgesprächen, Fotos oder Kopien früherer Artikel" überschwemmt. Ein weiteres Ziel war das Dresdner Archiv der Zeitung. Allerdings kamen „von den vielen Dutzend Journalisten, die die Sebnitzer Redaktion um Hilfe baten, lediglich drei in die Landeshauptstadt ..., um selbst zu recherchieren. Neun ließen sich Informationen zufaxen" (Mükke 2001).

Weil der Erfolg der Wortführer vom Engagement der Kollegen abhängt, gibt es bei vielen Skandalen Absprachen zwischen den Wortführern sowie zwischen ihnen und den Mitläufern. Ein Beispiel hierfür ist die Skandalierung von Lothar Späth, bei der sich die Mitarbeiter des *Spiegel* und des *Südwestfunks* gegenseitig die Bälle zuspielten. „Den längsten Kontakt gab es", wie der *SWF*-Redakteur

Martin Born später berichtete, „in der letzten Woche vor dem Rücktritt. Am Samstag vor dem Rücktritt haben wir einen großen Beitrag gemacht, worin nicht nur unsere zusätzlichen Recherchen, sondern auch die Recherchen des *Spiegel*, die dann am Montag erscheinen sollten, mit verarbeitet waren. Wir hatten Freitagnacht noch lange mit den *Spiegel*-Kollegen gesprochen und denen unsere Beiträge geliefert" (Kepplinger 1993a). Solche Absprachen funktionieren jedoch nicht immer. So hatte 1995, wie die *Frankfurter Rundschau* später berichtete, der Verfasser des ersten *Spiegel*-Artikels über die geheimen Konten der CDU „Kollegen anderer Druckerzeugnisse [beschworen], sich mit in die heikle Geschichte einzuklinken" (zit. nach *Spiegel* 6.3.2000). Weil er damit keinen Erfolg hatte, scheiterte der damalige Skandalierungsversuch.

Neben den Mitläufern finden sich zahlreiche Chronisten, die selbst keine Wertungen einbringen, aber durch ihre Berichte über die Vorwürfe anderer der Skandalierung Glaubwürdigkeit und Gewicht verleihen. Dabei profilieren sich meist einige Journalisten besonders. So stammte bei der Skandalierung der Störfälle und Betriebsstörungen der Hoechst AG mehr als die Hälfte von 656 namentlich gezeichneten Beiträgen von nur 14 Journalisten. Der aktivste Autor hatte 75 Beiträge geliefert. Zwei weitere Journalisten hatten 40 bzw. 34 Beiträge verfasst (Kepplinger/Hartung 1995). Bei der Skandalierung der Firma Müller-Milch stammte die Hälfte von 116 namentlich gezeichneten Beiträge von sechs Journalisten – den beiden Wortführern und vier Kollegen (Kepplinger/Hartung 1993). Bei der Skandalierung von Peter Gauweiler während der Münchner OB-Wahl stammte die Hälfte der 56 Artikel zur Kanzlei-Affäre von vier Journalisten, darunter die drei Wortführer (Kepplinger/ Eps/Augustin 1993).

In fast allen Skandalen gibt es im Journalismus Skeptiker, die den allgemein verbreiteten Sichtweisen misstrauen, sie mit Argumenten und Fakten in Frage stellen und nicht konforme Informationen neutral präsentieren. Deshalb kann man sich, eine breit gestreute Medienauswahl vorausgesetzt, bei fast allen Skandalen dem herrschenden Mediendruck entziehen und unabhängig davon eine relativ eigenständige Meinung bilden. So veröffentlichte beispielsweise das *Flensburger Tageblatt* am 15. Juni 1995 auf dem Höhepunkt der Erregung über die geplante Versenkung der Brent Spar einen nüchternen und informativen Beitrag über die Vor- und Nachteile der verschiedenen Optionen. Und als ein Großteil der Medien die *Spiegel*-Meldung zu den angeblich falschen Angaben von Kohl nicht nur nachdruckte, sondern zusätzlich dramatisierte, brachte der *Trierische Volksfreund* am 7. Juli 2000 eine distanzierte Darstellung, die verschiedene Deutungen zuließ. Bei den Skeptikern handelt es sich allerdings nur um eine verschwindend kleine Minderheit, die innerhalb und außerhalb des Journalismus kaum Gehör findet.

Eine Folge der sehr starken Kollegenorientierung bei der Skandalberichterstattung ist ein hohes Maß an Selbstreferentialität – die Medien berichten, was andere Medien berichten. Deshalb schaukelt sich die Darstellung schnell wechselseitig hoch, wobei auch jene Teile des Journalismus mitspielen, die nicht zu den Wortführern gehören. Ein Beispiel hierfür ist die Berichterstattung des *ZDF* zu Beginn des CDU-Spendenskandals. Am 4. Dezember berichtete *heute* über die Entlassung von Hans Terlinden, der das Protokoll der staatsanwaltschaftlichen Vernehmung von Horst Weyrauch an Kohl statt an Schäuble gegeben hatte. In diesem Zusammenhang zoomte der Kameramann auf eine Zeitung mit der Schlagzeile „Politiker ruinieren ihren Ruf" und kommentierte dadurch die eigene Nachricht. Am 6. Dezember berichtete *heute* über eine Strafanzeige gegen Kohl und präsentierte den Zuschauern die Schlagzeile der aktuellen Ausgabe von *Bild*: „Die schwarzen Kassen der CDU. Kohl: Das Geheimpapier". Gemeint war das erwähnte Protokoll, das *Bild*, neben einer umfangreichen Rechtfertigung, nahezu vollständig abgedruckt hatte. Erneut lieferte eine andere Quelle den Kommentar zu einer Nachricht in einer Sendung, die keine Kommentare enthält.

Die an sich schon bemerkenswerte Vernetzung besaß einen ebenso bemerkenswerten Hintergrund. Nach einem Bericht von Thomas Schuler in der *Berliner Zeitung* vom 21. Dezember 1999 hatte Hans Leyendecker von der *Süddeutschen Zeitung*, der das Protokoll ebenfalls besaß, *Bild* den Vortritt gelassen, weil sein Blatt den Text nicht gedruckt hätte, er *Bild* aber immerhin zitieren konnte. „Am nächsten Tag" – so Schuler weiter – „revanchierte sich ‚*Bild*' und brachte ein freundliches Portrait des Rechercheurs Leyendecker." Wieder einen Tag später verteidigte Leyendecker *Bild* gegen den Vorwurf, „mit der Veröffentlichung des Protokolls gesetzwidrig gehandelt zu haben". Im Hintergrund der aktuellen Berichterstattung gab es demnach ein Netzwerk zwischen *Bild, Süddeutscher Zeitung* und *heute*, in dem sich die Redaktionen, bzw. einzelne Journalisten gegenseitig die Bälle zuspielten. Dies alles erfuhren die Zuschauer von *heute* nicht. Dafür wurden sie aber über ein Vernehmungsprotokoll informiert, das die *heute*-Redaktion vermutlich genauso wenig veröffentlicht hätte wie ihre Kollegen von der *Süddeutschen Zeitung*. Zudem erhielten die Zuschauer in einer reinen Nachrichtensendung auch noch die kommentierenden Schlagzeilen eines Blattes geliefert, das sie vielfach nicht lasen.

Jeder der skizzierten *heute*-Berichte besaß drei Funktionen: Er dokumentierte erstens Fakten, trug zweitens durch die Präsentation extremer Positionen zur Etablierung und Verfestigung einer extremen Sichtweise bei und schaukelte drittens die Intensität der Berichterstattung hoch. Als Folge dieses sich selbst verstärkenden Prozesses orientierte sich die Berichterstattung bald nicht mehr vorrangig am Informationsbedürfnis des Publikums, sondern am Verhalten der Kollegen. So betrachteten Ende Dezember nur 33 Prozent der Bevölkerung die Berichterstattung über die Parteispendenaffäre der CDU als „angemessen", 56 Prozent hielten sie für „überzogen und aufgebauscht" (Köcher 1999). Im darauf folgenden März erklärten laut Infratest dimap 55 Prozent, die Medien sollten statt über die Spendenaffäre „mehr über Sachthemen berichten". Der gegenteiligen Ansicht waren gerade einmal 27 Prozent. Nicht das Interesse des Publikums war hier ausschlaggebend, vielmehr wurde die Berichterstattung von den Medien angeheizt.

Ein weiterer Grund für die große Bereitschaft, die *Spiegel*-Meldung über Kohls angebliche Falschdarstellung aufzugreifen und zuzuspitzen, lag darin, dass sie ein halbes Jahr nach Beginn der Spendenaffäre in das etablierte und verfestigte Interpretationsschema passte. Es schien quasi aus der Natur der Sache zu folgen, dass sie richtig und wichtig war. Folglich erübrigten sich Überschlagsrechnungen, und daher war es nur natürlich, dass die zentrale Botschaft noch deutlicher gemacht wurde. Gemeldet wird, was glaubhaft erscheint. Dies muss nicht falsch sein und ist es oft auch nicht. Das entscheidende Kriterium ist in solchen Situationen jedoch nicht die Richtigkeit, sondern die Stimmigkeit der Information mit dem etablierten Schema. Diese erweist sich in dem Moment, in dem beides auseinander klafft – wie bei den falschen, übertriebenen oder irreführenden Angaben über die Ölrückstände in der Brent Spar, über die Krebsgefahr durch ortho-Nitroanisol, und über die öffentliche Ermordung des kleinen Joseph.

Trotz der intensiven Kollegenbeobachtung werden auch bei großen Skandalen die Sichtweisen innerhalb des Journalismus nicht völlig konform. So gibt es innerhalb der allgemein akzeptierten Sichtweise oft Extrempositionen, denen sich die meisten Kollegen nicht anschließen, und die innerhalb des Journalismus eine Subkultur bilden. Ein Beispiel hierfür lieferte der *Hessische Rundfunk*. Nachdem der Sender monatelang den Eindruck vermittelt hatte, Ministerpräsident Roland Koch habe die Spendenpraxis der hessischen CDU eher vertuscht als aufgeklärt, warb der Moderator der Hörfunksendung *Pop und Weck* am 12. Dezember 2000 für einen Beitrag im abendlichen Fernsehmagazin des Senders, in dem der „Arsch des Jahres" gewählt würde. Nominiert seien ein mit BSE infiziertes Rind, ein Kampfhund und Roland Koch. Offensichtlich hatte sich bei einem Teil der Redakteure eine derart starke Anti-Koch-Haltung aufgebaut, dass sie die im Kollegenkreis vorherrschende Sichtweise nicht mehr realistisch einschätzen konnten und fälschlicherweise annahmen, dort würde wegen des allgemein verbreiteten Unmuts über die Spendenpraxis der CDU auch diese Geschmacklosigkeit Zustimmung finden und Heiterkeit auslösen. Das besaß eine kuriose Konsequenz: Der Moderator, der vor der Sendung gegen die Ankündigung Bedenken geäußert hatte, bei seinem Vorgesetzten damit jedoch nicht durchgedrungen und nach der Sendung vom Dienst suspendiert worden war, sah sich durchaus berechtigt als Opfer einer Subkultur, gegen die er sich „nicht entschieden genug ... gesträubt" hatte (*FAZ* 19.12.2000). Suspendiert wurde nicht die zur Mehrheit gewucherte politische Subkultur, sondern die zur Minderheitenmeinung geschrumpfte journalistische Kultur.

Den außerordentlichen Einfluss der Kollegenorientierung von Journalisten auf die Gewichtung und Bewertung des aktuellen Geschehens illustriert die Genese des Skandals um die Rede der ehemaligen lettischen Außenministerin Sandra Kalniete zur Eröffnung der Leipziger Buchmesse 2004. Neben der Koorientierung der Journalisten vor Ort, die sich durch die Reaktionen der Kollegen in ihrer Wahrnehmung bestätigt sahen, belegt sie zugleich die Anfälligkeit der informellen Gruppe für gleichgerichtete Impulse von außen – hier der Zentralredaktionen. In ihrer Rede hatte die zukünftige EU-Kommissarin Nationalsozialisten und Kommunisten als „gleichermaßen verbrecherisch" bezeichnet, worauf der Vizepräsident des Zentralrates der Juden in Deutschland, Solomon Korn, unter Protest den Saal verlassen hatte, was jedoch weitgehend unbemerkt blieb. Zwar behaupteten später einige Teilnehmer, sie hätten die zitierte Aussage gleich skandalös gefunden, aber in den anschließenden Gesprächen der Journalisten hatte dies keine Rolle gespielt. Auch Korn selbst war gegenüber den Journalisten, die anschließend im kleinen Kreis gegessen und getrunken hatten, nicht darauf zurückgekommen. Zum Skandal wurde die Rede am nächsten Morgen im Pressezentrum, denn jetzt wurden, wie Volker Weidermann am 28. März 2004 in der *Frankfurter Allgemeinen Sonntagszeitung* berichte, die Journalisten, „die dabei gewesen waren, von ihren Heimatredaktionen darüber informiert, dass sie einer skandalösen Veranstaltung beigewohnt hatten. Einige Unglückliche, die zu spät informiert wurden, hatten ihren Bericht schon fertig geschrieben, als sie von der Sache erfuhren, und mussten nun alles neu schreiben. Auf den Skandal hin. Den sie gar nicht bemerkt hatten".

6 Zeit der Empörung

Der Skandal ist die Zeit der Empörung. Nüchterne Skepsis gilt nicht als Tugend, sondern als Uneinsichtigkeit. Wer sich dem Protest nicht anschließt oder wenigstens Sympathie dafür bekundet, wird isoliert und abgestraft. Als Uli Hoeneß beim Bundesligaspiel des FC Bayern München gegen Energie Cottbus das Stadion des Gastgebers betrat, schlug ihm von den Rängen schierer Hass entgegen, weil er angeblich falsche Anschuldigungen gegen Christoph Daum, den damaligen Trainer von Bayer Leverkusen, verbreitet hatte, um dessen Etablierung als Trainer der Nationalmannschaft zu verhindern. Dabei spielte es keine Rolle, dass die Anschuldigungen nicht von Hoeneß selbst, sondern vom *Kölner Express* und der *Münchner Abendzeitung* stammten. Es spielte auch keine Rolle, dass Hoeneß nur die einzig mögliche Folgerung aus deren Vorwürfen gezogen hatte: Wenn die Behauptungen stimmten, könne Daum nicht Bundestrainer werden. Was war die Ursache der Wutausbrüche? Lag es an den Proleten auf den Rängen? An ihnen allein lag es wohl kaum.

Als der Skandal um die Versenkung der Brent Spar seinem Höhepunkt entgegenstrebte, empörte sich Peter Alexander gegenüber *Bild*: „Ich bin entsetzt! Das kann man doch nicht machen!", und Rita Süssmuth rief an gleicher Stelle mahnend aus: „Stoppt die Gefährdung unserer Erde und Meere. Nehmt Vernunft an und handelt entsprechend" (20.6.1995). Ernst Benda erklärte nach einer Meldung der Nachrichtenagentur *Associated Press* vor 80.000 Kirchentags-Besuchern in Hamburg, der Evangelische Kirchentag unterstütze den „Aufruf, die Produkte dieses Unternehmens nicht zu kaufen, solange dieser Irrweg nicht korrigiert wird" (*Main-Echo* 19.6.1995). Als sich die Forderungen überschlugen, Kohl solle die Namen der anonymen Spender nennen, verglich der Jesuitenpater Friedhelm Hengsbach Kohl mit dem biblischen König Herodes, der sich auch dann noch an sein Blankoversprechen gegenüber Salome gebunden fühlte, als sie „den Kopf des Propheten forderte" (*FAS* 19.3.2000).

Bei Skandalen treffen derart irrationale Ausbrüche, die in normalen Phasen peinliches Schweigen hervorrufen würden, auf große Zustimmung. Es zählt, wie das Institut für Demoskopie Allensbach an mehreren Beispiel belegt hat, nur die überbordende Empörung. In einem eigens dafür entwickelten Test wird eine öffentlich tagende Expertenrunde geschildert, die anlässlich eines aktuellen Missstandes – im Januar 2001 war es der BSE-Skandal – den Stand der Forschung klärt und mögliche Maßnahmen erörtert. Plötzlich, so die Geschichte, springt ein Zuhörer auf und protestiert: „Was interessieren mich Zahlen und Statistiken in diesem Zusammenhang! Wie kann man überhaupt so kalt über ein Thema reden, bei dem es um unsere Gesundheit und unser Leben geht." Bei allen großen Skandalen hält die Mehrheit der Bevölkerung diese Ausbrüche des „gesunden Menschenverstandes" für richtig – im Falle des BSE-Skandals waren es nahezu zwei Drittel (Köcher 2001).

Die aggressiven Reaktionen der Bevölkerung gegen schwer nachvollziehbare Kalkulationen von Experten mögen verständlich erscheinen. Was aber trieb ausgerechnet einen ehemaligen Innenminister und Verfassungsrichter dazu, Verständnis für einen Boykottaufruf zu bekunden? Warum verstieg sich ausgerechnet ein Jesuitenpater zu dem abstrusen Vergleich von Kohl mit Herodes? Und warum sind diese und ähnliche Reaktionen heute kaum noch nachvollziehbar? Die Empörung über die Rede von Bundestagspräsident Jenninger, die zu seinem Rücktritt führte, ist rückblickend ebenso unverständlich wie die Brandanschläge auf Shell-Tankstellen wegen der geplanten Versenkung der Brent Spar. An die Hysterie um die radioaktiv belastete Molke nach dem Reaktorunfall bei Tschernobyl sowie an die ergreifenden Proteste gegen die Umweltzerstörungen durch den Golfkrieg will niemand mehr erinnert werden. Und die Wut über die rechtsradikalen Bürger von Sebnitz möchten alle vergessen oder wenigstens verdrängen. Mit der Art der skandalierten Missstände hat die Empörung ebenso wenig zu tun wie mit der sachlichen Angemessenheit der Vorwürfe. Skandale entstehen, wie der frühere Redakteur der *Süddeutschen Zeitung*, Christian Schütze, feststellte „niemals aus dem Erwachen des kritischen Verstandes ..., sondern aus der gleichgerichteten Emotion". Nach seinen Beobachtungen ist „ein tieferes Verständnis der Beteiligten oder Betrachter für die Zusammenhänge ... für das Aufbrausen eines Skandals keineswegs erforderlich, ja es wäre eher störend. Spontan, radikal und in Schwarz-Weiß-Manier – so verläuft der Skandal" (Schütze 1985, 34).

Im Skandal geht es nicht vorrangig um die Richtigkeit der Behauptungen, sondern um die dadurch gesteuerten Emotionen. Aber woher stammen die Emotionen? Physiologen haben lange angenommen, dass Emotionen wie Ärger und Empörung, Freude und Glück jeweils eigene physiologische Ursachen besitzen. Trotz intensiver Forschungen wurden jedoch solche spezifischen Ursachen nicht gefunden. In den sechziger Jahren des vergangenen Jahrhunderts schlugen deshalb zwei Psychologen, Stanley Schachter und Jerome Singer, eine andere Erklärung vor. Nach ihrer Ansicht besitzen Emotionen zwei Ursachen – eine unspezifische Erregung, die allen Emotionen gemeinsam ist, sowie eine situationsspezifische Vorstellung, die ihren jeweiligen Charakter ausmacht („Zwei-Faktoren-Theorie"). Normalerweise hängt die situationsspezifische Vorstellung mit der Ursache der Erregung zusammen – wer durch eine Beleidigung erregt ist, führt dies darauf zurück und reagiert entsprechend wütend. Oft sind die Ursachen der Erregung jedoch unbekannt oder mehrdeutig. Man ist erregt, weiß aber nicht warum. In diesen Fällen stützt man sich unbewusst auf das, was man gerade beobachtet, und reagiert dementsprechend – beispielsweise wütend in einer unangenehmen Situation oder aber belustigt in einer angenehmen Umgebung. Die situationsspezifische Vorstellung besitzt in solchen Situationen andere Ursachen als die Erregung, steuert aber dennoch die daraus entstehende Emotion.

Schachter und Singer haben ihre Vermutung belegt, indem sie einigen Versuchspersonen unter einem Vorwand ein erregendes Medikament spritzten. Einigen Versuchspersonen beschrieben sie die Wirkung des Mittels sachgerecht, andere ließen sie darüber im Unklaren. Anschließend brachten sie die Versuchspersonen unter einem Vorwand mit einem Mitarbeiter zusammen, der als weitere Versuchsperson vorgestellt wurde. Dieser Mitarbeiter verhielt sich in einigen Fällen aggressiv. In anderen Fällen führte er sich albern auf. Entsprechend den Erwartungen der beiden Versuchsleiter benahmen sich die ahnungslosen Versuchspersonen den Umständen entsprechend ebenfalls aggressiv oder albern. Dagegen verhielten sich die kundigen Versuchspersonen, weil sie eine überzeugende Erklärung für ihre Erregung hatten, völlig normal (Schachter/ Singer 1962).

Einige Jahre später wandte der Kommunikationsforscher Percy H. Tannenbaum (1971) die Zwei-Faktoren-Theorie auf die Medien an. Üblicherweise vermuten wir, dass Gewaltdarstellungen die Bereitschaft zu aggressiven Handlungen vergrößern, weil zwischen der Ursache – dem Inhalt des Films – und der Wirkung – der Verhaltensbereitschaft – eine Ähnlichkeit besteht. Dies ist jedoch nicht notwendigerweise so. In einer Serie von Experimenten hat Tannenbaum gezeigt, dass verschiedene Filme, wie beispielsweise Abenteuerfilme, Slapstick-Komödien oder pornographische Darstellungen, eine ähnlich starke Erregung hervorrufen können. Dadurch steigern sie generell die Reaktionsbereitschaft. Die Art der Reaktionen hängt jedoch nicht vom Inhalt der gesehenen Filme ab, sondern – ähnlich wie im Experiment von Schachter und Singer – von den Wahrnehmungen in der jeweiligen Handlungssituation: Wurden die Versuchspersonen mit einem pornographischen Film erregt und anschließend in eine Situation gebracht, in der sie aggressiv reagieren konnten, verhielten sie sich wesentlich aggressiver als Personen, die keinen erregenden Film gesehen hatten.

Viele Skandalberichte vor allem des Fernsehens sind aufgrund ihrer Bilder erregend – Aufnahmen von Nematoden in Fischen, von Wasserkanonen gegen Greenpeace-Aktivisten, von Sanierungsarbeitern in Ganzkörper-Schutzanzügen und von brennenden Tierkadavern auf englischen Feldern. Solche Bilder sind die direkte Ursache von Ekel, Empörung, Angst und Trauer unter den Zuschauern. Allerdings erklärt dies bei vielen Skandalen die heftigen emotionalen Reaktionen aus zwei Gründen nur unzureichend. Erstens bleibt unklar, weshalb die Bilder diese und keine anderen Emotionen auslösen: Warum empfanden die meisten Fernsehzuschauer angesichts der Wasserkanonen vor allem Empörung über die Shell AG – statt Mitleid mit den attackierten Greenpeace-Aktivisten? Warum schlug die anfängliche Trauer angesichts der Brandkatastrophe in einer

Bergbahn bei Kaprun in Wut und Empörung um, obwohl die Bilder gleich oder zumindest ähnlich blieben? Die Bilder von dem Geschehen allein erklären das nicht. Hinzukommen müssen situationsbezogene Vorstellungen – etwa von den Ursachen der Brandkatastrophe. Zudem gibt es bei vielen Skandalen keine ähnlich erregenden Aufnahmen. Trotzdem schlägt die Erregung hohe Wellen – wie bei der Gedenktagsrede von Philipp Jenninger im Bundestag, wie bei der Dankesrede Martin Walsers in der Paulskirche, wie beim CDU-Spendenskandal oder wie bei der vermeintlichen Ermordung des sechsjährigen Joseph. Warum kommt es auch in solchen Fällen zu starken emotionalen Reaktionen, obwohl dramatische Bilder fehlen?

Erregende Bilder sind eine, aber nicht die einzige Quelle von Emotionen. Die gleichen Emotionen können auch durch reine Textdarstellungen hervorgerufen werden. Warum dies so ist, erklären die Psychologen Josef Nerb, Hans Spada und Stefan Wahl (1998) mit Hilfe der „Appraisal Theory". Emotionale Reaktionen sind danach spontane und intuitive Folgen der individuellen Einschätzung einer Situation. Ihre Grundlage sind nicht objektive Fakten sondern subjektive Vorstellungen. Diese Vorstellungen beruhen bei Skandalen, weil die Masse der Bevölkerung keine Informationen aus erster Hand besitzt, im Wesentlichen auf den Medien. Die Intensität der Reaktionen auf das Geschehen – genauer gesagt, seiner Darstellung durch die Medien – hängt von der Größe des wahrgenommenen Schadens ab: Je bedeutsamer die Leser, Hörer oder Zuschauer einen Missstand einschätzen, desto heftiger fallen ihre Reaktionen aus. Die Art der Reaktionen beruht auf den Vorstellungen von den Ursachen des Missstandes. Falls die Rezipienten den Eindruck gewinnen, ein Missstand sei auf individuelle Fehler von eigennützig handelnden Personen zurückzuführen, empfinden sie Ärger. Dies gilt vor allem, wenn sie der Meinung sind, dass die Akteure die Folgen ihres Handelns abschätzen konnten und keine höheren Ziele verfolgten. Falls die Leser, Hörer oder Zuschauer dagegen den Eindruck gewinnen, der Schaden sei durch höhere Gewalt – etwa durch ein Naturereignis – hervorgerufen worden, empfinden sie Trauer. Dies ist vor allem dann der Fall, wenn sie meinen, dass die Handelnden die Folgen ihres Verhaltens nicht überblicken konnten, keine andere Wahl hatten und höhere Ziele verfolgten.

Nerb, Spada und Wahl haben ihre theoretischen Annahmen anhand fiktiver aber realistischer Berichte über Umweltschäden getestet und bestätigt: Wurde in einem Bericht über einen Tankerunfall mit großen ökologischen Folgeschäden behauptet, das havarierte Schiff habe nicht den Sicherheitsvorschriften entsprochen, reagierten die Leser mit Ärger. Wurde dagegen behauptet, es habe den neuesten Sicherheitsstandards entsprochen, mit Trauer. Entsprechend den theoretischen Annahmen entwickelten die Leser darüber hinaus auch andere, stimmige Vorstellungen. So glaubten die Leser eines Unfallberichtes, in dem der Tanker als unsicher dargestellt wurde, dass die Verantwortlichen das Risiko kannten und kein höheres Ziel verfolgten – obwohl in dem Bericht darüber nichts gesagt wurde. Wurde der Tanker nicht ausdrücklich als unsicher dargestellt, zogen die Leser auch nicht die erwähnten Folgerungen. Die Realitätsdarstellungen weckten auch Verhaltensabsichten. So waren die Leser des Berichtes über den Tankerunfall, die erfahren hatten, dass das Schiff nicht den Sicherheitsbestimmungen entsprach, eher zur Teilnahme an einem Boykott bereit, als die Leser eines Berichtes, in dem der Tanker als sicheres Schiff charakterisiert wurde.

Die Darstellung der Pläne zur Versenkung der Brent Spar entsprach perfekt dem Schuld-Schema des Experimentes von Nerb, Spada und Wahl. Die Menschen verhielten sich genau so, wie man es theoretisch erwarten kann: Die Shell AG wurde von Greenpeace in einer wochenlangen PR-Kampagne als eigennütziger Verursacher eines sehr großen, absehbaren und vermeidbaren Schadens dargestellt. Bei der Haupt-Zielgruppe der Kampagne, den deutschen Journalisten, löste dies Wut und Ärger aus, die durch die aufregenden Bilder vom Kampf zwischen David und Goliath in der Nordsee noch verstärkt wurden. Auch deshalb diskreditierten sie die Richtigstellungen von Shell mit dem Zorn der Gerechten und steigerten damit die Empörung ihrer Leser, Hörer und Zuschauer derart, dass sie sich im Boykott von Shell-Produkten und gelegentlich auch in gewaltsamen Aktionen gegen Shell-Tankstellen entlud – wobei alle aus den zuvor genannten Gründen der festen Überzeugung waren, sachlich richtig zu handeln.

Die Art der Reaktionen und ihre Intensität beruht bei allen großen Skandalen auf dem Zusammenwirken einer sachlich scheinbar richtigen Vorstellung mit einer moralisch scheinbar notwendigen Erregung, die beide auf die gleichen Ursachen zurückgehen und sich im Verlauf eines Skandals gegenseitig hochschaukeln. Ob die Vorstellung berechtigt oder falsch ist, kann die Mehrheit der Bevölkerung nicht feststellen und erschließt sich auch den Journalisten oft nicht oder nur unzureichend. Entscheidend ist die Überzeugung, dass sie zutrifft. Zur Vorstellung vom Geschehen gehört die Empörung darüber und der Glaube an alles, was diese Empörung verstärken kann. Vorstellungen und Empfindungen sind stimmig. Für Trauer ist deshalb im Skandal kein Raum.

Sobald die Erregung abgeklungen ist, weil sich die Aufmerksamkeit der Medien und ihres Publikums anderen Themen zugewandt hat, fehlt die eine Hälfte der Verhaltensursachen: Man erinnert sich zwar noch an das, was man gedacht – genauer: sich vorgestellt – hat, versteht aber nicht mehr, warum man so empört war, weil das dafür erforderliche Erregungspotenzial fehlt. Deshalb erscheint im Rückblick die Hysterie über die verstrahlte Molke, die Empörung über die Reden Philipp Jenningers und Martin Walsers, die Aggression gegen Uli Hoeneß und die Verdammung der Einwohner von Sebnitz kaum noch nachvollziehbar. Falls sich dagegen auf dem Höhepunkt der Erregung die Vorstellungen als falsch erweisen, schlagen Wut und Empörung in Scham und Trauer um: Man ist noch erregt, empfindet die Erregung jedoch nun ganz anders – so als Folge der Erkenntnis, dass der kleine Joseph in Sebnitz nicht von Rechtsradikalen ermordet wurde, sondern Opfer eines Badeunfalls war. Ein Beispiel für den umgekehrten Fall liefert die Brandkatastrophe in der Bergbahn bei Kaprun: Als bekannt wurde, dass der Brand keine natürlichen Ursachen besaß, sondern eine Folge von menschlichem Versagen war, schlug die anfängliche Trauer blitzartig in Wut um.

7 Missstände und Skandale

Die Medien decken keine Skandale auf. Skandale sind keine vorgegebenen Sachverhalte, die man aufdecken und berichten kann, sondern die Folge der öffentlichen Kommunikation über Missstände. Zwischen beiden – den Missständen und den Skandalen – besteht ein kategorialer Unterschied. Zum Skandal wird ein Missstand erst durch die Perspektive, aus der man ihn betrachtet. Die Missstände selbst sind oft nicht neu, sie sind meist beweisbar und sachlich fast immer unstrittig. Dies alles trifft auf die skandalträchtige Perspektive nicht zu. Sie ist neu, im engeren Sinn nicht beweisbar, aber im Unterschied zum Missstand selbst wirkmächtig. Missstände sind eine notwendige, aber keine hinreichende Voraussetzung für Skandale. Deshalb kann man weder von der Häufigkeit und Größe der Skandale auf die Häufigkeit und Größe der Missstände schließen, noch umgekehrt.

Viele Missstände sind schon lange bekannt, bevor sie zum Skandal werden. Der wohlwollende Kommentar Werner Höfers zur Hinrichtung des Konzertpianisten Karl-Robert Kreiten im Berliner *12 Uhr Blatt* vom 20. September 1943 war seit 1962 bekannt. Mehrere Blätter, darunter *Bild am Sonntag* hatten seit 1978 darüber berichtet, Musikhistoriker hatten den Vorgang analysiert und ihre Ergebnisse in Buchform publiziert, ein Schriftsteller hatte ihn dramatisiert und in Koblenz auf die Bühne gebracht. Zum Skandal wurde er jedoch erst Ende 1987 durch einen Artikel des *Spiegel*. Bis dahin hatte Höfer immer erfolgreich behauptet, die kritisierte Passage des Kommentars stamme nicht von ihm, sondern sei in seinen Beitrag hineinredigiert worden. Ob dies zutraf, blieb bis zuletzt unklar. Jetzt aber musste er innerhalb weniger Tage unter entwürdigenden Umständen die Leitung des *Internationalen Frühschoppens* aufgeben (Eps/Hartung/Dahlem 1996).

Über die Flugreisen von Ministerpräsident Späth hatte die *Südwest Presse Ulm* bereits 1980 berichtet. Sieben Jahre später beschrieben mehrere Autoren in einem biographischen Sammelband die ungewöhnlichen Reisen des Ministerpräsidenten. Zum Skandal wurden sie jedoch erst, als der *Südwestfunk* Ende 1990 im Zusammenspiel mit dem *Spiegel* den Sachverhalt erneut aufgriff (Kepplinger 1993a). Über angeblich verdorbene Rohstoffe in Eiernudeln hatten die lokalen Medien im Raum Stuttgart bereits ein Jahr vor dem „Flüssigei-Skandal" berichtet. Zu einem bundesweiten Skandal wurden die kaum variierten und ergänzten Behauptungen jedoch erst ein Jahr später (Lerz 1996). Über schwarze Konten der CDU hatte der *Spiegel* bereits 1995 berichtet – inklusive Nennung der Banken und Kontonummern. Einen Aufschrei der Empörung gab es damals weder in der Politik noch in den Medien. In allen Fällen war der Missstand, der den Kern des späteren Skandals ausmachte, bekannt. Insofern musste nichts aufgedeckt werden, damit ein Skandal entstand. Die bereits bekannten Missstände hätten allemal für einen Skandal ausgereicht. Was fehlte, war der Aufhänger, die moralische Aufladung des Missstandes.

Fast alle Skandale beruhen auf Missständen, aber nicht alle Missstände führen zu Skandalen. Die Umwelt in Westdeutschland war in den sechziger Jahren erheblich stärker geschädigt als in den achtziger Jahren. Im Kohlerevier verdunkelten Industrieabgase den Himmel, die Ruhr stand vor ihrem biologischen Aus und zum Frühling am Rhein gehörte das jährliche Fischsterben. Zum Skandal wurde dies nicht. Die Erschießung von fast 1.000 DDR-Flüchtlingen wurde gewissenhaft registriert, die Verhaftung von Ausreisewilligen sorgsam verzeichnet. Zum Skandal wurde dies im Unterschied zum Terror des Schah-Regimes und der chilenischen Junta aber nicht. Kurz vor dem Ende der DDR gab es sogar vielmehr energische Versuche, die zentrale Registrierung von DDR-Unrecht abzuschaffen. Anfang der achtziger Jahre wies die SPD im Bundesanzeiger eine anonyme Sammelspende in Höhe von 6,3 Millionen DM aus (Müller 1999; Bannas 1999). Das Geld hatte ihr verstorbener Schatzmeister Nau gesammelt und seinem Nachfolger Halstenberg mit der ausdrücklichen Verpflichtung übergeben, die Namen der Spender zu verschweigen (*FAZ* 1.9.2000). Damals fragten weder die politischen Gegner noch die Presse nach der Herkunft der Gelder, obwohl der

Sachverhalt 1984 im Flick-Untersuchungsausschuss zur Sprache kam. Ein Skandal wurde er nicht. Wenige Tage vor der Landtagswahl in Nordrhein-Westfalen im Frühjahr 2000 hob der Immunitätsausschuß des Bundestages auf Ersuchen der nordrhein-westfälischen Justiz die Immunität des CDU-Politikers Ronald Pofalla auf, der bei einem Wahlsieg der CDU als Justizminister vorgesehen war. Drei Tage vor der Wahl durchsuchte die Staatsanwaltschaft ergebnislos die Wohnungs- und Geschäftsräume Pofallas wegen eines Verdachts der Steuerhinterziehung. Pofalla war damit massiv diskreditiert. Nachdem die SPD die Wahl gewonnen hatte, entschuldigte sich der Justizminister bei Pofalla und entließ den zuständigen Generalstaatsanwalt. Das Landgericht Kleve stellte die Rechtswidrigkeit des Vorgehens gegen Pofalla fest. Ein Skandal wurde es dennoch nicht.

Im Frühjahr 2001 wurde bekannt, dass sich mehrere Kinder schwer verletzt hatten, weil sie mit den Schnüren im Halsbereich ihrer Jacken in Rolltreppen und Bustüren hängen geblieben waren. Zwei Kinder hatten sich nach Aussage des SPD-Abgeordneten Rolf Stöckel mit der Kordel ihres Anoraks stranguliert. Der Hauptgeschäftsführer des Bundesverbandes des deutschen Textil- und Einzelhandels, Heijo Gassenmeier, erklärte, es sei zu Todesfällen gekommen. Die Vorsichtsmaßnahmen bestanden in der unverbindlichen Empfehlung, die gefährliche Ware nicht mehr zu verkaufen. Zum Skandal wurde dies nicht. Zur gleichen Zeit wurden in Deutschland ganze Rinderherden vernichtet, wenn sich ein einziger BSE-Verdachtsfall bestätigt hatte. Verteidigungsminister Scharping sagte im Dezember 2001 in einem Vertrag mit sieben europäischen Partnerstaaten den Kauf von 73 Transportflugzeugen (A400M) für die Bundeswehr zu, obwohl der Haushaltsausschuss des Bundestags einen Monat vorher die dafür erforderliche Aufstockung der Mittel von 5,1 auf 8,6 Milliarden Euro ausdrücklich abgelehnt hatte. Um ein Scheitern des Gemeinschaftsprojektes zu verhindern, brachte die Bundesregierung einen Beschlussantrag in den Bundestag ein, der das Parlament verpflichtet hätte, die fehlende Summe in den Haushalt 2003 einzustellen, wodurch das zentrale Recht des Parlaments – die Entscheidung über den Haushalt – unterlaufen worden wäre. Zum Skandal wurde das auch dann nicht, als der haushaltspolitische

Sprecher der Grünen, Oswald Metzger, nach dem bekannt werden weiterer Unstimmigkeiten im März 2002 den Rücktritt von Scharping forderte.

Im März 2002 hatte der Regierende Bürgermeister von Berlin, Klaus Wowereit, in seiner Eigenschaft als Präsident des Bundesrates bei der Abstimmung über das Einwanderungsgesetz die gegensätzlichen Voten der beiden Vertreter von Brandenburg, Stolpe und Schönbohm, auf Nachfrage als Zustimmung gewertet, obwohl die Stimme des Landes nach herrschender Rechtslehre damit ungültig war. Nachdem das Bundesverfassungsgericht im Dezember des gleichen Jahres das Gesetz für ungültig erklärt hatte, weil es nicht verfassungsgemäß zustande gekommen war, behauptete Wowereit, er sei der Empfehlung von Bundesratsdirektor Oschatz gefolgt, der in einem Gutachten für Wowereit vor der Abstimmung aber den genau entgegengesetzten Rat gegeben hatte. Zum Skandal wurde weder Wowereits Verhalten im Bundesrat, noch seine Rechtfertigung nach der Entscheidung des Bundesverfassungsgerichtes. Stattdessen geißelten zahlreiche Medien die verabredete Empörung der CDU/CSU-Vertreter im Bundesrat über das Verhaltens Wowereits. Das Skandalon war für sie nicht der Rechtsbruch der Regierung, sondern der Stilbruch der Opposition.

Als im Winter 2002/2003 die Lungenseuche SARS die deutsche Bevölkerung in Atem hielt und Tausende ihre Flugreisen nach Asien stornierten, starben in Deutschland etwa 12.000 bis 20.000 Menschen an der Grippe. Das waren 20- bis 30-mal mehr Menschen als in China (einschließlich Hongkong) SARS zum Opfer fielen (633). In Deutschland gab es keinen einzigen SARS-Toten. Die Opfer der Grippe in Deutschland stammten überwiegend aus dem gleichen Personenkreis wie die Opfer von SARS in China und anderen Ländern. Es handelte sich um Alte, Kranke und Vorgeschädigte. Zweifellos war die große Zahl von Grippetoten ein Missstand. Trotzdem wollte niemand aus Angst vor der Grippe Deutschland verlassen. Auch von einem Grippe-Skandal war nicht die Rede, obwohl die Grippe in Deutschland die Infektionskrankheit mit der höchsten Mortalität ist, und jede Grippewelle hier etwa 5.000 bis 10.000 Todesopfer fordert (*Welt* 13.6.2003, *FAZ* 4.9.2003).

Die meisten Missstände werden nicht zum Skandal – und zwar auch dann nicht, wenn sie in einzelnen Beiträgen skandaliert werden. Dies belegt eine systematische Analyse zum Verhältnis von bekannten, berichteten sowie erfolglos und erfolgreich skandalierten Missständen. Im Jahr 1998 gab es nach Auskunft von 492 Repräsentanten verschiedener Bereiche der Gesellschaft 1.576 Missstände aus ihrem jeweiligen Tätigkeitsbereich. Mehr als drei Viertel dieser Missstände (75 %) waren von den Medien berichtet worden. Allerdings waren in vielen Fällen nur einige wenige Beiträge erschienen. Eine nachhaltige Berichterstattung – wesentliche Grundlage eines Skandals – gab es nur über ein gutes Drittel der Missstände (39 %). Die weitaus meisten dieser Missstände wurden allerdings nicht angeprangert, sondern nüchtern dargestellt. Zu Skandalen wurden – je nach Abgrenzungskriterium – nur fünf bis zehn Prozent. Zu einem ähnlichen Ergebnis führt die differenzierte Analyse von 2.527 Presseberichten über 30 Missstände, die die Befragten genannt hatten. Nur etwas mehr als die Hälfte der Beiträge (57 %) in regionalen und überregionalen Tageszeitungen charakterisierten die von den Befragten genannten Missstände ebenfalls als Missstände. Weniger als zehn Prozent skandalierten sie, indem sie sie durchgängig anprangerten (Kepplinger/Ehmig/Hartung 2002).

Die Vorstellung, die Medien würden alles, was einzelne gesellschaftliche Akteure als Missstand betrachten, auch als Missstand darstellen, ist genauso abwegig wie die Idee, sie würden alle bekannten Missstände skandalieren. Zwischen der Art und Anzahl der bekannten und der Art und Anzahl der skandalierten Missstände bestehen große Unterschiede. Deshalb gibt es auch keinen Anspruch darauf, dass große Missstände skandaliert werden. Genauso wenig gibt es einen Anspruch darauf, dass kleine Missstände von der Skandalierung verschont bleiben. Mit Rechten und Ansprüchen hat dies nichts zu tun. Andererseits sind Skandale auch nicht die Folge von Willkürakten, sondern das Ergebnis des schwer vorhersehbaren Zusammenwirkens zahlreicher gesellschaftlicher Faktoren. Welche Missstände skandaliert werden, hängt deshalb auch vom Zufall ab. Dies ist allerdings nicht der einzige Grund. Missstände, die nach Ansicht der Repräsentanten der verschiedenen Gesellschaftsbereiche durch Fehlentscheidungen verursacht wurden, waren in der Bericht-erstattung deutlich überrepräsentiert. Missstände, die durch Fehl-entwicklungen, Verfahrensmängel und Mangelzustände aller Art verursacht wurden, waren dagegen deutlich unterrepräsentiert. Eine Ursache der Diskrepanzen liegt darin, dass Fehlentscheidungen ein-facher darstellbar sind als Strukturmängel. Eine weitere Ursache besteht darin, dass Journalisten spezifische Vorstellungen davon haben, was Missstände sind.

Die Journalisten in den Regionen, in denen die erwähnten Vertre-ter der gesellschaftlichen Gruppen lebten, sahen vieles anders. Die Redakteure der Tageszeitungen in den Regionen – befragt wurden 122 – nannten häufig Missstände, die nach ihrer Einschätzung die Folgen von Eigennutz waren (20 %). Ihre Landsleute erwähnten sol-che Missstände nur sehr selten (5 %). Dies deutet darauf hin, dass für Journalisten ein Sachverhalt vor allem dann als Missstand gilt, wenn er nach ihrer Überzeugung durch eigennütziges Verhalten ver-ursacht wird. Andererseits verwiesen die Journalisten nur selten auf Missstände, die nach ihrer Überzeugung eine Folge von Fehlent-wicklungen und Mangelzuständen waren (19 %). Die anderen Befragten erwähnten solche Missstände häufiger (30 %). Was den einen als Missstand erschien, nahmen die anderen oft so nicht wahr – und umgekehrt. Dies hat erhebliche Auswirkungen auf die öffent-liche Sichtbarkeit der Missstände, die den Vorstellungen der Journa-listen entsprechen. Sie werden eher zu Skandalen als solche, die nicht dazu passen.

Die Medien machen Missstände zu Skandalen, indem sie sie anprangern. Ihr wichtigstes Mittel besteht darin, die Missstände als besonders schwer wiegend und als Folge des Verhaltens von Perso-nen darzustellen, die aus niederen Motiven handeln und sich der negativen Folgen ihres Handelns bewusst sind: Die Urheber der Missstände hätten, wenn sie nur gewollt hätten, auch anders han-deln können – sie haben sich aber aus Eigennutz über bestehende Regeln hinweggesetzt. Dies verleiht den Missständen eine morali-sche Ladung: Es gibt nicht nur Ursachen von Geschehnissen, son-dern auch Verantwortliche, die zur Rechenschaft gezogen werden können. Die Schuld der Skandalierten erfordert Sühne, schmerzhafte persönliche Konsequenzen – Rücktritte von Politikern, Entlassung von Funktionären, Amtsaufgabe von Unternehmern. Mehr als vier Fünftel (88 %) aller Beiträge in den untersuchten Zeitungen, die Missstände durchgängig anprangerten, charakterisierten sie eindeutig oder überwiegend als Folge von schuldhaftem Versagen. Ein Drittel der Beiträge (31 %) erweckte den Eindruck, die Verursacher hätten die Missstände vermeiden oder vermindern können. Ein Drittel (37 %) legte die Folgerung nahe, sie hätten niedere Ziele verfolgt. Die nicht anprangernden Berichte der gleichen Blätter vermittelten diese Eindrücke vergleichsweise selten. Sie enthielten beispielsweise meist keine Aussagen über die Schuld von einzelnen Akteuren und über ihre Ziele (Kepplinger/Ehmig/Hartung 2002).

Skandalträchtige Perspektiven entstehen gelegentlich durch die Betonung von bekannten, aber bisher vernachlässigten Aspekten. Während z. B. bei allen früheren Versuchen zur Skandalierung von Werner Höfer der tatsächliche oder vermeintliche Schreibtischtäter im Mittelpunkt stand, konzentrierte sich der *Spiegel* auf das Opfer, Karl-Robert Kreiten – sein Leben, seine Freunde, seine Zukunftserwartungen. Das Mitleid mit dem Opfer ließ Höfers Kommentar wesentlich verwerflicher erscheinen als der Opportunismus des Autors. Was Höfer zu seiner Verteidigung vorbrachte, war deshalb gleichgültig. Im Mitgefühl mit dem Opfer glaubte ihm niemand mehr. Skandalträchtige Perspektiven sind gelegentlich auch eine Folge neuer Umstände, die bekannte Fakten in einem anderen Licht erscheinen lassen – etwa die private Beziehung des Ministerpräsidenten Lothar Späth zu dem Vorstandsvorsitzenden der SEL, Helmut Lohr, der wegen Untreue, Betrug und Steuerhinterziehung vor Gericht stand. Als auch noch bekannt wurde, dass die Töchter von Späth und Lohr auf Kosten der SEL gemeinsame Ferien auf einem Reiterhof verbracht hatten, schien jeder Verdacht gegen Späth gerechtfertigt, obwohl Späth kaum wissen konnte, dass Lohr die Reiterhof-Ferien der beiden Mädchen geschäftlich abgerechnet hatte (Kepplinger 1993a).

Häufig beruhen skandalträchtige Perspektiven auch auf der Reduzierung mehrerer Alternativen mit erkennbaren Nebenfolgen auf eine einzige Möglichkeit, deren Wahl verwerflich erscheint, weil die

Nebenfolgen anderer Möglichkeiten nicht thematisiert werden. Beispiele hierfür liefert die Skandalierung der unbeabsichtigten Nebenwirkungen einer Versenkung der Brent Spar, der Castor-Transporte (Schulz/Berens/Zeh 1998), der Kernenergie (Kepplinger 2000) und von Medikamenten (Linde/Kepplinger/Ehmig 1996). Die unbestreitbaren Nebenwirkungen erscheinen deshalb unerträglich, weil die ebenso unvermeidbaren Nebenfolgen der Alternativen – die Gefahren durch das Abwracken an Land, die Risiken einer Zwischenlagerung am Ort, die Risiken anderer Energien oder die Hospitalisierung von psychisch Kranken – ausgeblendet werden. Dies trifft in ähnlicher Weise auch auf die Skandalierung von Medikamenten wie Lipobay und Vioxx zu, bei der in der Regel zwei Aspekte ausgeklammert werden – zum einen die Tatsache, dass auch andere Medikamente bekanntermaßen tödliche Nebenwirkungen haben können und zum anderen die Frage, ob bei vergleichbar wirksamen Alternativpräparaten tödliche Nebenwirkungen völlig ausgeschlossen werden können.

Die Skandalierung eines Missstandes durch die Medien schlägt sich – wie die Skandalierung der Frankfurter Kulturdezernentin Linda Reisch in der „Intendantenaffäre" belegt – auch im Stil der Berichte nieder. Anlass der Skandalierung war eine rechtlich fragwürdige Entscheidung Reischs, wegen der die Stadt Frankfurt Anwaltskosten übernehmen musste, die in Zusammenhang mit der geplanten Umstrukturierung der städtischen Bühnen entstanden. Die Berichte, die das Verhalten von Reisch skandalierten, enthielten signifikant mehr rhetorische Sprachfiguren als die Beiträge, die es nüchtern als Fehlentscheidung präsentierten. Je mehr rhetorische Mittel die Artikel enthielten, desto stärker vermittelten sie den Eindruck, dass es sich bei dem Vorgang um einen Skandal handelte.

Einige rhetorische Figuren waren besonders häufig. Dazu gehörten Metaphern („ihre Fähigkeit, Hornhaut zu bilden", „klebt an ihrem Stuhl", „geht in Deckung"), Antonomasien („Zoo- und Freizeitdezernentin"), Neologismen („Reischs-Absäge-Versuche") und rhetorische Fragen („sollte das wirklich alles gewesen sein?"). Mit Hilfe der rhetorischen Figuren ließen einige Medien das Geschehen besonders verwerflich erscheinen, obwohl sie keine wesentlich anderen Sachinformationen lieferten als andere. Während beispielsweise die *Frankfurter Rundschau* neutral einen materiellen Schaden meldete („Der Stadt entstanden Kosten von 143.000") behauptete die *Frankfurter Neue Presse*, „durch die Eigenmächtigkeit von Linda Reisch [wurden] fast 250.000 Steuergelder verplempert". Letztlich setzte sich diese Sicht- und Darstellungsweise durch. Reisch musste gehen (Schraewer 2000).

Ein weiteres Mittel der Skandalierung von Missständen ist die Publikation von Fotos oder Fernsehaufnahmen, die die skandalträchtige Perspektive anschaulich vor Augen führen. Dies geschieht zum einen durch Mitleid erregende Aufnahmen von Opfern, wie bei der Skandalierung des „Todesdränglers" und durch Ekel erregende und Angst auslösende Aufnahmen, wie beim BSE-Skandal und beim SARS-Skandal. Bei Politikskandalen gibt es jedoch meist weder sichtbare Opfer, noch per se emotionsträchtige Tier- und Personenkonstellationen. Statt dessen werden bei Politikskandalen häufig relativ positive Bilder von den Skandalierten mit negativen Bildunterschriften kombiniert, die die Bildaussage konterkarieren und den Skandalierten diskreditieren – er erscheint unehrlich, schadenfroh, herzlos usw. So veröffentlichten *Spiegel, Focus, Stern* und *Bild* während der Skandalierung Möllemanns vom 24. April 2002 bis zum 18. März 2003 43 Fotos, die einen positiven Eindruck vermittelten, von denen jedoch 33 in Texte mit ausgesprochen negativer Tendenz eingebettet waren. Diese Bild-Text-Diskrepanzen, die in einer zum Vergleich herangezogenen Normal-Phase vom 1. Januar 2001 bis zum 22. April 2002 nicht vorkamen, fanden sich in der Skandalierungs-Phase vor allem in jenen Artikeln, die Möllemanns Verhalten skandalierten. So hatte in der Skandalierungs-Phase fast die Hälfte der Fotos in skandalierenden Beiträgen ironische Bildunterschriften (43 %). In nicht-skandalierenden Beiträgen kamen sie dagegen kaum vor (11 %). Zudem wurde Möllemann in den skandalierenden Beiträgen auf zahlreichen Bildern optisch isoliert: Sie zeigten ihn genau in jenem Moment, in dem sich Menschen in seiner Umgebung von ihm abwandten. Möllemann, so schien es vielfach, existierte für seine Umgebung nicht mehr (Dzick 2003).

Die erfolgreiche Skandalierung eines Missstandes ist nur der erste Schritt auf dem Weg zu einem großen Skandal. In vielen Fällen bleibt es bei einer kleinen, nur regional bedeutsamen Affäre, in anderen entwickelt sich daraus ein großer, bundesweiter Skandal. Solche Unterschiede können auch dann eintreten, wenn sich die skandalierten Missstände gleichen. Ein Beispiel hierfür liefern zwei Fälle vom Beginn der neunziger Jahre. Der eine betraf Bundesinnenminister Günther Krause. Er hatte seine Putzfrau legal, aber auf seinen Vorteil bedacht, vom Arbeitsamt bezahlen lassen. Daneben wurden ihm eine Reihe weiterer Selbstbegünstigungen vorgeworfen, die in diesem Zusammenhang aber nicht relevant sind. Der andere betraf die hessische Sozialministerin Heide Pfarr. Sie hatte ihre Dienstwohnung auf Kosten der Steuerzahler renovieren lassen. Auch dies geschah im Rahmen des rechtlich Zulässigen, rief jedoch ebenfalls den Eindruck der Selbstbegünstigung hervor. Beide mussten nach kurzer Zeit zurücktreten und verschwanden von der politischen Bühne. Allerdings reagierte die Bevölkerung auf die Vorfälle sehr unterschiedlich.

Mehr als zwei Drittel der Deutschen (72 %) hielten es im Juni 1993 für einen Skandal, dass Krause seine Putzfrau vom Arbeitsamt bezahlen ließ. Dagegen betrachteten es weniger als die Hälfte (42 %) als einen Skandal, dass sich Pfarr ihre Wohnung mit Steuergeldern hatte renovieren lassen (Noelle-Neumann 1993). Was war die Ursache der unterschiedlichen Empörung? Die Art des Verhaltens konnte es nicht sein. In beiden Fällen ging es um materielle Vorteile. Das Ausmaß der materiellen Vorteile konnte es auch nicht sein – die Renovierung der Wohnung war wahrscheinlich teurer als die Bezahlung der Putzfrau. Die Schwere der Rechtsverletzungen schied ebenfalls aus – beide handelten im Rahmen des rechtlich Zulässigen. Die „Natur der Sache" war offensichtlich nicht die Ursache der unterschiedlichen Reaktionen. Was war es dann? Betrachtet man nicht alle Deutschen, sondern nur jene, die die Vorwürfe gegen Krause bzw. Pfarr kannten, zeigt sich, dass das Verhalten beider Politiker nahezu die gleiche Empörung hervorrief: 82 Prozent aller Deutschen, die gehört hatten, dass Verkehrsminister Krause seine Putzfrau vom Arbeitsamt bezahlen ließ, hielten dies für einen Skandal. Im Fall Pfarr war die Empörung noch etwas größer: 88 Prozent derer, die gehört hatten, dass sie ihre Wohnung mit Steuergeldern hat renovieren lassen, hielten das für einen Skandal. Die Ursache der großen Empörung über Krause war nicht der Charakter und das Ausmaß seiner Verfehlungen, sondern ihre Bekanntheit.

Eine wesentliche Voraussetzung dafür, dass aus einem kleinen ein großer Skandal entstehen kann, ist eine hinreichend intensive Berichterstattung. Dies belegen auch die extrem unterschiedlichen Reaktionen auf die anonymen Spenden, die der Schatzmeister der SPD in den achtziger Jahren erhalten hatte, und auf die anonymen Spenden, die Kohl in den neunziger Jahren angenommen hatte. Man mag einwenden, inzwischen habe sich die Rechtslage geändert, auch die moralischen Maßstäbe seien heute anders. Dies mag zutreffen, geht aber am Kern der Problematik vorbei, weil ähnliche Sachverhalte auch zur gleichen Zeit unterschiedliche Reaktionen hervorrufen. Ein Beispiel sind die geheimen Konten und die anonymen Spenden an die CDU sowie die bis vor wenigen Jahren unbekannten Unternehmensbeteiligungen und problematischen Verbuchungspraktiken der SPD. Das Vorgehen der CDU war eindeutig unrechtmäßig, das Verhalten der SPD rechtlich fragwürdig. Die Beträge, um die es ging, waren dafür bei der SPD weitaus höher als bei der CDU. Bei der SPD ging es um verdeckte Unternehmensbeteiligungen im Wert von vermutlich einer Milliarde DM und Verkaufserlöse in Höhe von ca. 63 Millionen DM (Heinen 2000; Strobel 2000). Bei der CDU ging es um weit geringere Beträge. Gemeinsam ist beiden Fällen, dass die Finanzierung der Parteien verschleiert wurde. Politisch waren deshalb beide Sachverhalte ähnlich. Trotzdem wurden, weil die Medien die Kritik an der CDU fast zehnmal so häufig thematisierten wie die Kritik an der SPD (*Medien Dialog* 2/2001), die anonymen Spenden an Kohl zu einem großen Skandal, die verdeckten Beteiligungen der SPD allenfalls zu einer kleinen Affäre.

Zwischen der Größe eines Missstandes und der Größe eines Skandals besteht keine lineare Beziehung. Entscheidend für die Größe eines Skandals ist nicht die Größe des Missstandes, sondern die Intensität seiner Skandalierung. Ein großer Skandal ist ein Missstand, den viele Menschen für einen Skandal halten, und sie halten ihn für einen Skandal, weil alle meinungsbildenden Medien ihn immer wieder als solchen präsentieren. Ein Beispiel hierfür ist das politische Ende Scharpings, der nicht über seine von den Medien wenig beachteten Angriffe auf das Haushaltsrecht des Parlaments gestürzt ist, sondern über die heiß thematisierten Wohltaten der PR-Agentur Hunzinger, darunter die Begleichung der Rechnung eines Herrenbekleidungsgeschäftes. Das war im Unterschied zur Aushöhlung einer Grundlage des Parlamentarismus der Stoff, der das Publikum der Massenpresse empören konnte. Weil „der Skandal aus der gleichgerichteten Erregung aller, zumindest aber sehr vieler Mitglieder einer Gesellschaft hervorgeht, genügt es" nach Christian Schütze, „jene Organe zu beherrschen, in denen Gleichzeitigkeit und Gleichgerichtetheit der öffentlichen Erregung erkennbar werden können, also Zeitungen, Rundfunk, Fernsehen und Versammlungssäle" (Schütze 1985, 22). Mit der Größe des Missstandes hat dies allenfalls indirekt etwas zu tun. Allerdings können auch Lappalien wie das Empfehlungsschreiben Möllemanns zugunsten seines Vetters das Zeug zu einem relativ großen Skandal haben, der in den Rücktritt eines Ministers mündet. Ist die Divergenz zwischen Anlass und Ergebnis zu offensichtlich, wird zuweilen die Erklärung nachgereicht, der Angegriffene sei nicht über die kritisierten Missstände, sondern über seine Fehler bei der Verteidigung gefallen – er sei sozusagen wie das Wild bei der Treibjagd selbst Schuld daran, wenn es einen falschen Haken geschlagen habe und in die Schussbahn geraten sei.

Jeder große Skandal muss, damit er sich voll entfalten kann, immer wieder neu angeheizt werden. Erfolgreiche Skandalierer publizieren ihre Verdächtigungen deshalb nicht auf einmal, sondern verteilen sie auf mehrere Tage und Wochen. Sie „portionieren" ihre Informationen, wie es nach einem Bericht von Thomas Schuler der erfahrene Skandalierer Hans Leyendecker nennt (Schuler 1999). Ein von Leyendecker selbst genanntes Beispiel ist der sukzessive Aufbau des CDU-Spendenskandals. Er habe, so Leyendecker, vor Journalistik-Studenten der Universität Dortmund, den Skandal mit mehreren Beiträgen langsam entwickelt bis eine Sonderseite gemacht wurde, auf der aber auch „bei weitem nicht so viel gesagt worden" sei wie sie „zu diesem Zeitpunkt" wussten. Das Ganze wäre nach seiner Einschätzung aber „versandet, wenn man es auf einen Schlag

gemacht hätte, ohne es zu filettieren" (*Welt am Sonntag* 5.8.2001).
Oft ergibt sich die Portionierung als Folge schrittweiser Fortschritte
bei den Recherchen von selbst. Ein kurioses Beispiel hierfür ist die
Skandalierung von Michel Friedman, die u. a. von einem Fax seines
Anwaltes vorangetrieben wurde, das irrtümlich bei einem Frankfurter Pizzabäcker ankam und von dort seinen Weg zu *Bild* nahm, das
„die brisanten Ergebnisse der Kokain-Ermittlungen" groß aufmach-
te (4.6.2003). Gelegentlich heizen auch die Skandalierten selbst
durch ihr Verhalten einen Skandal immer wieder neu an, weil ihre
Verteidigung zum Gegenstand neuer Vorwürfe wird. Das bekanntes-
te Beispiel hierfür ist die missglückte Verteidigung von Hans Filbinger gegen die Vorwürfe wegen seiner Tätigkeit als Marinerichter:
Seine fehlerhafte Berichtigung falscher Anschuldigungen trug am
Ende mehr zu seinem Rücktritt bei als die längst bekannten Vorwürfe (Hürten/Jäger/Ott 1980; Filbinger 1987; Neubauer 1990).

Zuweilen gehören auch Personen im Umfeld der Skandalierten zu
den treibenden Kräften. Ein Beispiel hierfür ist Angela Merkel, die am
Beginn des CDU-Spendenskandals allein im *ZDF* vom 17. November
1999 bis zum 18. Februar 2000 in 25 Beiträgen zu verschiedenen
Aspekten Stellung nahm und dabei auch auf Kosten der Partei Schlagzeilen machte. So kündigte sie wenige Tage vor dem Bericht der Wirtschaftsprüfer an, es gebe aus den Jahren 1989 bis 1993 weitere Einnahmen, die in der Öffentlichkeit noch nicht diskutiert worden seien.
Dies wurde am 19. Januar 2000 zur Top-Meldung der Fernsehnach-
richten. Am folgenden Tag erschien *Bild* mit der Schlagzeile „Noch
10 Millionen!" Als die Wirtschaftsprüfer kurze Zeit später ihren
Bericht vorgelegt hatten, sorgte der gleiche Sachverhalt erneut für
Schlagzeilen. Zur Erhellung des Sachverhaltes trugen diese Auftritte
nichts bei. Stattdessen erzeugten sie zusammen mit ähnlichen Aktivitäten eine gewaltige publizistische Resonanz, die sich in negativen
Urteilen der Bevölkerung insgesamt sowie der CDU-Mitglieder nie-
derschlug. Ähnlich verfuhren die Partei-Fraktionsvorsitzenden der
Hanauer CDU, Christian Gössl und Dietmar Hussing, bei der Skandalierung der Hanauer Oberbürgermeisterin Härtel, als sie sich in
einem langen Leserbrief an die *Frankfurter Allgemeine Zeitung* die
später gerichtlich weitgehend entkräfteten Vorwürfe der Skandalierer

zu eigen machten und ihre Parteifreundin zum Rücktritt aufforderten (31.1.2003).

Ist ein großer Skandal einmal etabliert, eskaliert er oft schnell, weil er eine zunehmende Eigendynamik entwickelt. Der Motor ist dabei weniger die Substantiierung als die Ausdifferenzierung der Vorwürfe: Die ursprünglichen Behauptungen werden mit Fakten nicht untermauert, sondern auf immer neue Bereiche ausgedehnt. „Lächerliche Einzelheiten, unbedeutende Vorfälle, Hinweise auf Geschehnisse, die bisher niemanden ernsthaft interessiert" haben, gewinnen nach Christian Schütze plötzlich „einen tieferen Sinn. Lichter gehen auf, Zusammenhänge werden gesehen, wenigstens vermutet und konstruiert … . Aus all diesen Gründen entwickelt sich aus dem ursprünglichen Ärgernis und der ersten Reaktion darauf ein Agglomerat von Tochterskandalen. Große Skandale sind Anbausysteme von Ärgernissen" (Schütze 1985, 35). Alle großen Skandale entwickeln sich aus den genannten Gründen zu einem komplexen Geflecht von kaum noch unterscheidbaren Teilaffären, die den Eindruck grenzenloser Missstände hervorrufen. In Wirklichkeit betreffen die Teilaffären oft sachlich völlig verschiedene Tatbestände, die durch zwei Elemente zusammengehalten werden – die Identität der Skandalierten sowie die spezifische Sichtweise der Skandalierer. Ein Beispiel hierfür liefert die Skandalierung der Hoechst AG aufgrund des Störfalls am 22. Februar 1993, bei dem ortho-Nitroanisol freigesetzt wurde, das in Wohngebieten niederging.

Auf den Störfall folgten innerhalb von knapp sechs Wochen 15 mindere Betriebsstörungen – die Verletzung eines Elektrikers, der Brand einer Lagerhalle, ein Verkehrsunfall auf dem Werksgelände, der Austritt geringer Mengen von Chlordioxid, Öl und Xylol usw. Solche Vorfälle gehören zum Alltag großer Chemieunternehmen und wären normalerweise kaum berichtet worden, wurden nun aber zum Gegenstand von 169 teilweise bundesweit verbreiteten Berichten. Was bei einer oberflächlichen Betrachtung wie eine Serie von Unfällen erschien, erweist sich bei genauerer Analyse als fächerartige Ausdifferenzierung von Vorwürfen auf der Grundlage einer einmal etablierten Sichtweise. Ihr Fundament bildeten vier miteinander verbundene Schemata. Erstens: Den Verantwortlichen der Hoechst

AG fehlen grundlegende Kenntnisse. Zweitens: Sie arbeiten schlampig. Drittens: Sie gefährden die Anwohner und ihre Umwelt. Viertens: Sie verschweigen Fakten oder stellen sie falsch dar. Dieses Muster fand sich bei der Berichterstattung über nahezu alle Vorfälle, gleichgültig um welche Sachverhalte es sich handelte. Verbunden wurden die Beiträge über das heterogene Geschehen zudem durch die andauernde Berichterstattung über den Störfall vom 22. Februar, die den Eindruck verstärkte, dass es sich um ein zusammenhängendes Geschehen handelte (Kepplinger/Hartung 1995).

Die Ausdehnung von Skandalen auf immer neue Sachverhalte geht einher mit einer Verengung der Sichtweisen im Journalismus und in der Bevölkerung: Immer mehr Geschehnisse werden aus einem immer engeren Blickwinkel heraus betrachtet. Der Grund für diese paradoxe Entwicklung ist der von Sherif nachgewiesene Prozess der Urteilsbildung, der durch tatsächliche und scheinbare Beweise vorangetrieben wird. Je besser das anfänglich etablierte Schema auf andere Missstände zu passen scheint, desto mehr weitet sich der Skandal aus, weil er sich auf immer mehr Sachverhalte erstreckt. Je mehr er sich ausweitet, desto mehr Menschen halten immer mehr Missstände für skandalös. Deshalb entwickelte sich nach der vergeblichen Skandalierung von erheblich bedeutsameren Missständen („Raststätten-Affäre", „Kracon-Fall") aus der „Putzfrauen-Affäre" Krauses ein relativ großer Skandal, der Krause zum Rücktritt zwang: Das nun etablierte Schema ließ sich gut auf andere Sachverhalte übertragen, die in das Bild passten – darunter der Verkauf eines Grundstücks in Börgerende („Grundstücks-Affäre") und die Finanzierung seines Umzugs von Berlin nach Börgerende („Umzugs-Affäre"). Aus dem gleichen Grund entwickelten sich aus dem nicht genehmigten Wasserverbrauch von Müller-Milch, aus dem ortho-Nitroanisol-Unfall bei Hoechst und aus der Kofferspende an Leisler Kiep große Skandale. Die dabei etablierten Sichtweisen lieferten eine „passende", weil überzeugende Interpretation von Vorgängen, die mit dem Auslöseereignis sachlich wenig oder nichts zu tun hatten.

In allen Fällen müssen zur Generalisierbarkeit der Sichtweisen weitere Faktoren hinzukommen, damit aus einem kleinen ein großer Skandal wird – die Aktivität von Skandalierern im Umfeld der Skandalierten, die Empfänglichkeit des Publikums für das Thema, die Gunst der Ereignis- und Informationslage und nicht zuletzt das politische oder wirtschaftliche Eigeninteresse der Medien. „Ein guter Skandal ist für die Zeitung, die ihn aufdeckt oder auch nur glaubhaft konstruiert", so Christian Schütze „wie eine Goldader" (Schütze 1985, 21). Die Größe der Missstände ist dagegen für die Entwicklung vom kleinen zum großen Skandal relativ unwichtig. Deshalb geht das Argument am Kern der Sache vorbei, der Skandal um Krause sei deshalb eskaliert, weil sich die Behauptungen auch bei anderen Verfehlungen bestätigt hätten: Große Skandale entstehen auch dann, wenn sich die Behauptungen – wie bei der Erschießung von Wolfgang Grams auf dem Bahnhof in Bad Kleinen, den Unfällen bei der Hoechst AG, dem Brandanschlag auf die Synagoge in Düsseldorf, oder beim Tod des sechsjährigen Jungen in Sebnitz – als weit übertrieben, völlig abwegig oder gänzlich falsch erweisen. Entscheidend für die Eskalation eines Skandals ist nicht die sachliche Richtigkeit der Darstellung neuer Missstände, sondern die glaubhafte Generalisierbarkeit der skandalträchtigen Sichtweise. Ob diese Generalisierung zulässig ist, spielt – solange sie glaubhaft erscheint – für den Verlauf des Skandals genauso wenig eine Rolle wie die Größe der jeweiligen Missstände.

8 Umgang mit Nonkonformisten

Einige Tage bevor Helmut Kohl sein „Tagebuch 1998–2000" vorstellte, beendete Ulrich Deppendorf einen Kommentar in den *Tagesthemen* mit der Bemerkung, an der Situation der Union änderten „auch nichts die peinlichen so genannten Tagebuchaufzeichnungen von Ex-Kanzler Kohl. Punktgenau zum Parteitag platziert, regen sie in der Partei keinen mehr auf. Über soviel Selbstgerechtigkeit herrscht nur noch Kopfschütteln, selbst bei den treuesten Kohl-Jüngern. Es interessiert keinen mehr, was Kohl zu sagen hat. Es sei denn, er würde die Spender nennen." Interpretiert man Deppendorfs Behauptungen als Tatsachenaussagen, handelt es sich um haltlose Spekulationen, weil zum Zeitpunkt des Kommentars niemand wissen konnte, ob es tatsächlich „keinen mehr interessieren" würde, was Kohl zu sagen hatte. Wenige Tage später hatten sich die Spekulationen Deppendorfs bereits als falsch erwiesen. Die *Süddeutsche Zeitung* berichtete über die Buchvorstellung genau das Gegenteil vom dem, was Deppendorf behauptet hatte: „Die Journalisten, das Publikum, sind in Kompaniestärke angerückt; drei Dutzend Fernsehkameras und zahlreiche Fotoapparate halten jede Regung des ebenso erfahrenen wie voluminösen Artisten vorne auf dem Podium fest" (25./ 26.11.2000). Der Verlag Kohls verzeichnete am Wochenende vor der Auslieferung des Buches 160.000 Vorbestellungen und Kohl machte eine bundesweite Lesereise, bei der Tausende geduldig Schlange standen, um ihr Exemplar signieren zu lassen. Monatelang fanden sich seine Erinnerungen auf der Bestellerliste. Schwerer als Deppendorf konnte man kaum irren.

Möglicherweise handelte es sich jedoch bei den Behauptungen Deppendorfs nicht um Tatsachenaussagen, sondern um indirekte Aufforderungen: Alle, die ihn hören und sehen konnten, sollten Kohls Aufzeichnungen „peinlich" finden und darauf mit „Kopfschütteln" und „Desinteresse" reagieren. So verstanden, kann man die Aussagen Deppendorfs auch als Charakterisierung derjenigen verstehen, die die Aufzeichnungen Kohls mit Spannung erwartet hatten. Bei ihnen musste es sich um extreme Außenseiter handeln, deren Verhalten Verachtung verdiente, weil sie sich mit Peinlichem befassten, und die selbst bei den treuesten Kohl-Anhängern in der CDU, ganz zu schweigen von der Mehrheit der Gesellschaft, nur noch abweisendes Kopfschütten hervorriefen. Wer sich für Kohls Tagebuch interessierte, war demnach von allen guten Geistern verlassen. So interpretiert, handelte es sich bei den Behauptungen Deppendorfs um eine versteckte Drohung, deren Ziel darin bestand, Kohl durch die vorweggenommene Diskreditierung möglicher Sympathisanten dauerhaft zu isolieren.

Stellungnahmen wie diese sind ein typisches Element von Skandalen. Wer sich im Skandal der öffentlichen Meinung widersetzt, wird mundtot gemacht oder, falls dies nicht möglich ist, ausgegrenzt. Als Helmut Maucher, der frühere Vorstandsvorsitzende der Nestlé AG, Kohl 500.000 DM spendete, damit er den von ihm verursachten Schaden beheben konnte, rief Heide Simonis, Ministerpräsidentin von Schleswig-Holstein, zum Boykott von Nestlé-Produkten auf. Weil der Verleger der *Westdeutschen Allgemeinen Zeitung*, Erich Schumann, aus dem gleichen Grund 800.000 DM gespendet hatte, wurde gegen das langjährige SPD-Mitglied ein Parteiordnungsverfahren beantragt (*Focus* 11/2000). Als Dieter Hoeneß, der Bruder von Uli und Manager von Herta BSC, in *Sabine Christiansen* behauptete, was mit seinem Bruder gemacht werde, sei „genauso schlimm, wie das, was mit Christoph Daum gemacht wurde", wurde er von höhnischem Gelächter und lauten Buhrufen unterbrochen. Als Margarethe Nimsch, Abgeordnete der Grünen und Gesundheitsdezernentin der Stadt Frankfurt, erklärte, die Krebsgefahr wegen des ortho-Nitroanisol-Unfalls bei der Hoechst AG sei verschwindend gering, kippten ihr Studenten der Fachhochschule Frankfurt als „Probe" eine Schubkarre Erde auf den Schreibtisch (Kepplinger/Hartung 1995, 58). Maucher, Hoeneß und Nimsch hatten bei allen Unterschieden der Fälle und der Personen eines gemeinsam – sie hatten die Einheitsfront der Skandalgläubigen durchbrochen.

Mit welcher Wucht sich einmal verfestigte Sichtweisen gegen jene richten können, deren Verhalten nicht ihren Vorstellungen entspricht, illustriert der Verlauf einer Pressekonferenz der hessischen FDP am 12. Februar 2000. Der Einladung war ein Großaufgebot von Journalisten gefolgt, darunter mehrere Fernsehteams und zahlreiche Hörfunk-Korrespondenten. Ein Teil der Journalisten lagerte im Halbkreis vor dem improvisierten Vorstandstisch, ein Teil bildete dahinter stehend einen zweiten Wall. Vorangegangen waren heftige Medien-Attacken gegen eine Fortsetzung der Koalition unter Roland Koch. Er erschien vielen Journalisten wegen der illegalen Auslandskonten der hessischen CDU und wegen seines Vorgehens bei ihrer Aufklärung untragbar. Als die FDP-Vorsitzende Ruth Wagner nach einer parteiinternen Abstimmung die Fortsetzung der Koalition verkündete, fiel ein Großteil der anwesenden Journalisten buchstäblich aus der Rolle. Statt als passive Beobachter über die Erklärung von Ruth Wagner nüchtern zu berichten, quittierten sie die Entscheidung mit lauten Buhrufen. Damit machten sie sich selbst zum Gegenstand der Berichterstattung von Funk und Fernsehen, wo sie mit ihrem Verhalten demonstrierten, was mit Personen geschieht, die sich im Skandal nicht der öffentlichen Meinung unterwerfen.

In allen genannten Fällen besaß die Diskreditierung von Nonkonformisten zwei Funktionen – die Verteidigung einer spezifischen Sichtweise sowie die Isolierung der Skandalierten. Besonders deutlich wird die zweite Funktion anhand der aggressiven Reaktionen auf den Direktor des Instituts für Zeitgeschichte, Horst Möller. Hintergrund des Geschehens war der „Historikerstreit", der in die Ächtung von Andreas Hillgruber und Ernst Nolte mündete, die angeblich die historische Einzigartigkeit des Dritten Reiches in Frage gestellt hatten. Der Anlass der Angriffe auf Möller war seine Laudatio auf Ernst Nolte, der am 4. Juli 2000 den Preis der Deutschland-Stiftung erhielt. Obwohl Möller das wissenschaftliche Werk Noltes distanziert und kritisch würdige, löste seine Laudatio wütende Attacken aus, die in der Forderung nach seiner beruflichen Kaltstellung gipfelten. Möller, so befand sein Kollege Heinrich August Winkler in einem offenen Brief, könne nicht länger „an der Spitze des Instituts für Zeitgeschichte und der Gemeinsamen Kommission zur Erforschung der jüngeren Geschichte der deutsch-russischen Beziehungen verbleiben" (*FAZ* 4.7.2000). Nicht der Inhalt der Laudatio Möllers war die Ursache dieser Angriffe, sondern die Tatsache, dass er sie gehalten und damit die Isolation Noltes durchbrochen hatte.

Ein wesentliches Mittel der Isolation von Nonkonformisten ist ihre moralische Diskreditierung. Es geht weniger darum, dass sie etwas sachlich Falsches gesagt haben. Es geht vor allem darum, dass sie sich unmöglich benommen haben – wie nach Ansicht von Wilhelm Hennis die Bonner Staatsanwaltschaft, als sie das Verfahren wegen der angeblichen Vernichtung von Akten des Bundeskanzleramtes einstellen wollte. „Ein Organ der Rechtspflege", das sich so verhält, ist laut Hennis „widerwärtig", ruft also Ekel hervor und isoliert sich damit selbst. Die Staatsanwaltschaft wäre deshalb laut Hennis „gut beraten", wenn sie mit der Einstellung warten würde. Es gehe nicht nur um Recht und Gesetz, es gehe um ihren Ruf, und „viel Ruf hat sie nicht mehr zu verlieren" (Hennis 2001). In einem Kommentar zur Trauerfeier für Hannelore Kohl im Speyerer Dom wies Willi Winkler in der *Süddeutschen Zeitung* darauf hin, dass die katholische Kirche „bis in die jüngste Zeit ... jedem Menschen, der es wagte, über sich selber zu bestimmen, mit der irdischen Verdammnis" belegt und normalerweise „außerhalb der Friedhofsmauer ... entsorgt" habe. Im Anschluss daran bezeichnete er die Predigt von Monsignore Erich Ramstetter, der darauf hingewiesen hatte, Hannelore Kohl habe in „Liebe und Treue" zu ihrem Mann gehalten und unter „Unterstellungen, Verleumdungen und Hasserfahrungen" gelitten, als „schamlosen" Gebrauch der kirchlichen Macht „über Lebende und Tote" (Winkler 2001). Ramstetter hatte demnach möglicherweise nicht die Unwahrheit gesagt. Die Scham hätte ihm jedoch verbieten müssen, die Isolation des Skandalierten und derjenigen, die zu ihm stand, durch die Art der Bestattung und den Inhalt seiner Predigt zu durchbrechen.

Die Ächtung von Nonkonformisten erstreckt sich auch auf Medien, die den Skandalierten die Möglichkeit bieten, ihre Sichtweise zu vertreten. Hierbei geht es ebenfalls weniger um die Meinung, die diese Medien verbreiten, als um die Isolierung der Skandalierten. Ein Beispiel hierfür ist ein Kommentar von Stefan Reinecke in der *tageszeitung* über eine angebliche Äußerung von Martin Walser zum geplanten Holocaust-Denkmal. Nachdem Walser in der *Frankfurter Allgemeinen Zeitung* die Falschmeldung, er habe zu Demonstrationen gegen das Holocaust-Mahnmal aufgerufen, richtig gestellt hatte, behauptete Reinecke abschätzig, das Blatt habe sich „zum Sprachrohr des missverstandenen Dichters Martin Walser" gemacht und mithin durch diese Unterwürfigkeit seine Unabhängigkeit eingebüßt (Schirrmacher 1999). Ein weiteres Beispiel ist ein Gespräch von Klaus-Peter Siegloch mit Helmut Kohl, das das *ZDF* bereits 1999 aufgezeichnet hatte. Es hätte Kohl während der CDU-Spendenaffäre die Gelegenheit zur Darstellung seiner historischen Rolle bei der Überwindung der Spaltung Europas gegeben und damit seine skandalierten Fehler relativiert. Das Interview verschwand jedoch nach einem Bericht der *Frankfurter Allgemeinen Zeitung* vom 26. September 2000 wegen der Spendenaffäre zunächst in der Schublade und wurde erst ein Jahr später gesendet, als der Fernsehauftritt Kohl nicht mehr nutzen, vor allem aber dem *ZDF* nicht mehr schaden konnte, da die Empörung inzwischen abgeklungen war. Weil im Skandal auch die Medien geächtet werden, die die Isolation des Skandalierten durchbrechen, finden sie oft keine Publikationsorgane mehr, in denen sie ihre Sichtweisen vertreten können – oder sie müssen sich mit Quellen einlassen, die aufgrund ihres geringen Ansehens gegen sie verwendet werden können.

Was sind die Ursachen der intoleranten Reaktionen von Menschen, die sich selbst für tolerant halten? Ein Grund ist die feste Überzeugung, Anders denkende hätten nicht nur eine falsche Meinung, sondern verweigerten sich der Wirklichkeit, die ihrerseits eine Folge der erfolgreichen Etablierung allgemein verbindlicher Sichtweisen ist. Ein weiterer Grund besteht darin, dass jeder Skandal auf dem absoluten Geltungsanspruch von sozialen Normen beruht bzw. auf die Etablierung eines solchen Geltungsanspruchs zielt. Der Geltungsanspruch wird exemplarisch durch die Skandalierung von Personen und Organisationen dokumentiert, die die Normen verletzen. Das Ziel der Skandalierung ist ihre öffentliche Ächtung. Wenn dies gelingt, wird die Geltung der Normen dokumentiert. Andererseits stellen alle, die sich mit den Skandalierten solidarisieren, den allgemeinen Geltungsanspruch der Normen in Frage. Die Nonkonformisten müssen folglich ausgeschaltet werden. Auch hierbei folgt das Verhalten im Skandal allgemeinen sozialpsychologischen Gesetzmäßigkeiten.

Die Gefährdung der Urteils- und Machtgrundlagen von Mehrheiten durch Außenseiter hat der Sozialpsychologe Salomon Asch (1969) durch eine Serie von einfallsreichen Experimenten aufgezeigt. Asch ließ jeweils mehrere Personen nacheinander die Länge einer Linie mit der Länge mehrerer anderer Linien vergleichen. Eine der Linien entsprach unverkennbar der Vergleichslinie, die restlichen unterschieden sich deutlich davon. Die Betrachter teilten ihre Urteile nacheinander laut mit. Die eigentliche Testperson urteilte als Letzte, die anderen waren Mitarbeiter von Asch, die übereinstimmend eine offensichtlich falsche Linie nannten. Dadurch sah sich die Testperson einer homogenen Mehrheit ausgesetzt, deren Urteile der eigenen Wahrnehmung widersprachen. Obwohl das Urteil der Mehrheit offensichtlich falsch war, schlossen sich ihm drei Viertel der Testpersonen zumindest gelegentlich an. Ein Drittel folgte ihm in mehr als der Hälfte ihrer Urteile. Der gleiche Mechanismus liegt, wie Elisabeth Noelle-Neumann mit Hilfe von repräsentativen Umfragen gezeigt hat, der Entstehung der öffentlichen Meinung zugrunde. Bei öffentlichen Kontroversen über moralisch geladene Themen verfällt die Minderheit in Schweigen oder passt sich der Mehrheitsmeinung an, weil sie die Isolation durch die Mehrheit fürchtet (Noelle-Neumann 1989).

Auf die absolute Größe der Mehrheit kommt es bei den genannten Prozessen nicht an. Entscheidend ist ihre tatsächliche oder vermeintliche Geschlossenheit. In den Experimenten von Asch genügte es, wenn die Mehrheit aus drei Personen bestand. Größere Gruppen übten keinen wesentlich stärkeren Druck aus. Andererseits brach der Druck nahezu völlig zusammen, wenn die Mehrheit nicht homogen war, weil einer der Mitarbeiter Aschs richtige Urteile abgab: In der Gewissheit, nicht alleine zu sein, vertraten die eigentlichen Testpersonen ihre eigene Sichtweise. Genau dies darf bei einem Skandal nicht geschehen, wenn die Norm ihren allgemeinen Geltungsanspruch behalten soll. Folglich muss der Anders denkende, wenn man ihn nicht überzeugen oder mundtot machen kann, intellektuell, moralisch oder ästhetisch diskreditiert und dadurch gesellschaftlich isoliert werden.

Die Gewissheit, einer homogenen Mehrheit anzugehören, ist nicht nur eine Ursache der eigenen Urteilssicherheit. Sie ist auch eine Quelle des Machtgefühls, mit dem die Mehrheit die Minderheit in Schach hält. Dies ist ein weiterer Grund, weshalb Nonkonformisten im Skandal ausgeschaltet werden müssen: Sie würden andernfalls die Machtbasis der Skandalierer und ihrer Anhänger gefährden. Diesen Sachverhalt belegt eine Variation des Experimentes von Asch. Falls eine Mehrheit von echten Testpersonen mit nur einem Mitarbeiter Aschs zusammen war, der offensichtlich falsch urteilte, behandelte die Mehrheit den Außenseiter mit Erheiterung und Geringschätzung. Meist reagierten sie angesichts des drolligen Einzelgängers mit ansteckendem Gelächter. Dabei waren sie sich offensichtlich nicht darüber im Klaren, dass sie das Gefühl der Überlegenheit nur ihrer homogenen Mehrheit verdankten, und dass sie sich – als isolierte Einzelne – auch dann völlig anders verhalten würden, wenn sie Recht hätten und die anderen im Unrecht wären. So wich die spöttische Überlegenheit der Mehrheit schon dann einer respektvollen Distanz, wenn sich die Mehrheit einer kleinen Minderheit von drei Anders denkenden gegenübersah (Asch 1969). Dieser Macht-Mechanismus lag Ende Mai 2001 dem Verlauf einer Pressekonferenz des sächsischen Finanzministers Thomas de Maizière anlässlich der Skandalierung von Kurt Biedenkopf zugrunde.

Nach wochenlangen Berichten über die private Nutzung von Personal des Freistaates Sachsen und über die geringe Miete für eine Villa des Landes, bei der die Kosten pro Quadratmeter Wohnraum genau berechnet und zu einem Gesamtwert addiert worden waren, legte de Maizière eine Gegenrechnung vor. Danach hatte Biedenkopf seinem Personenschutz seit 1991 eine Einliegerwohnung in seinem Haus am Chiemsee überlassen und dem Freistaat Sachsen die Kosten für die Unterbringung erspart. Der Mietwert der Einliegerwohnung betrug nach Angaben der Staatskanzlei rund 110.000 DM und entsprach damit fast dem geldwerten Vorteil in Höhe von ca. 160.000 DM, den Biedenkopf in Anspruch genommen hatte. Die Gegenrechnung de Maizières führte nicht, wie man aufgrund der bisher differenzierten Berechnung der Schulden Biedenkopfs hätte erwarten können, zu einer näherungsweisen Saldierung der sachwerten Leistungen an und von Biedenkopf. Sie mündete auch nicht in eine Diskussion der sachlichen Grundlagen der Gegenrechung – der Angemessenheit des angenommenen Quadratmeter-Preises der Einliegerwohnung und damit des fiktiven Mietwertes. Die Gegenrechung sorgte vielmehr „in der Pressekonferenz für ungläubiges Staunen und Gelächter", das Biedenkopf stigmatisierte und – wie es in einem Kommentar der *Frankfurter Allgemeinen Zeitung* hieß – seinen Finanzminister „beschämte und beschädigte" (31.5.2000). Die Ursache dieses Fehlschlags lag in der irrigen Annahme, es gehe um die Sache, um die Höhe der geldwerten Vorteile Biedenkopfs, den man mit entsprechenden Leistungen Biedenkopfs verrechnen könnte. Tatsächlich ging es jedoch um die Verteidigung der etablierten Sichtweise sowie um den darauf gründenden Machtanspruch, der nicht auf das konkrete Verhalten von Biedenkopf, sondern auf seinen Charakter und damit auf seine Position zielte.

Die Ächtung der Nonkonformisten hat weniger mit dem Inhalt ihrer Äußerungen zu tun als mit ihrer sozialen Rolle. Sie betrifft nicht das Verhältnis ihrer Äußerungen zu deren Gegenständen, sondern das Verhältnis zwischen den Nonkonformisten und der Mehrheit. Die Ächtung der Nonkonformisten dient der Sicherung des Überlegenheitsgefühls der Mehrheit sowie der Unterwerfung der Skandalierten. Beide Kriterien sind unabdingbare Voraussetzungen für die Verteidigung der vorherrschenden Sichtweise und damit für den Erfolg der Skandalierung. Nur wenn die Mehrheit geschlossen erscheint, kann sie ihre Gegner niederhalten. In Skandalen geht es deshalb immer ums Ganze: Es genügt nicht, den Urheber eines Missstandes anzuprangern. Er muss, weil nur so die allgemeine Geltung der verletzten Norm gesichert werden kann, isoliert werden. Dies wiederum erfordert, dass auch diejenigen, die die Isolation des Skandalierten durchbrechen oder in Frage stellen, diskreditiert werden. Falls dies nicht gelingt, muss im Interesse der Normsicherung zumindest der Eindruck erweckt werden, dass die Sympathisanten der Skandalierten nicht zählen, weil sie sich mit ihren Ansichten selbst ins Abseits gestellt haben. In diesem Sinne weisen alle Skandale totalitäre Züge auf: Sie zielen auf die Gleichschaltung aller, weil die öffentliche Abweichung einiger den Machtanspruch der Skandalierer und ihrer Anhänger in Frage stellen würde. Die großen Skandale kann man deshalb auch als demokratische Variante von Schauprozessen betrachten. In beiden Fällen enthält die Anklage fast immer einen wahren Kern. Das Ziel besteht jedoch in beiden Fällen nicht darin, die Angeklagten nach rechtstaatlichen Regeln zu überführen, sondern darin, sie und mit ihnen alle, die zu ihnen stehen, zu diskreditieren und zu unterwerfen. Deshalb ruft im Skandal – anders als im Strafprozess – nichts größere Empörung hervor als die Weigerung der Angeklagten, ihre Schuld zu gestehen und die Unverfrorenheit von Nonkonformisten, sich zu den Skandalierten zu bekennen.

9 Täter und Opfer

Die meisten Personen und Organisationen, die skandaliert werden, haben tatsächlich die Regeln verletzt und die Missstände verursacht, die ihnen vorgeworfen werden. Zwar kommt es vor, dass jemand aufgrund völlig falscher Vorwürfe angeprangert wird – die Skandalierung von General Kießling durch erfundene Behauptungen über sein Sexualleben ist ein Beispiel hierfür (Mathes 1989). Dies sind jedoch seltene Ausnahmen. Die meisten Skandalierten haben die Fehler begangen, für die sie kritisiert werden, und sie bestreiten das nach einiger Zeit auch nicht mehr. Zudem akzeptieren sie dann in der Regel die öffentliche Kritik an ihrem Verhalten. Trotzdem fühlen sich nahezu alle Skandalierten als Opfer des Geschehens und der Medien.

Als Helmut Kohl im Juni 2000 vor dem Untersuchungsausschuss des Bundestags erschien, äußerte er, dass er sich als Gejagter sehe, „der ‚beispielloser Diffamierung' ausgesetzt sei ... . In ‚jeder denkbaren Weise' sei versucht worden, ‚[ihm] und der CDU Schaden zuzufügen' mit dem Ziel ‚sechzehn erfolgreiche Jahre zu verdammen'" (*FAZ* 30.6.2000). Als Uli Hoeneß wegen seiner Äußerungen über Christoph Daum skandaliert worden war, und die Aufsichtsbehörden nach illegal beschäftigten Ausländern in seinem Unternehmen fahndeten, erklärte er, das Ganze passe „leider ‚voll in diese Landschaft', in der er offenbar zum Ziel für alle möglichen Angriffe geworden sei ... . Er fühle sich mittlerweile ‚als Opfer', weil sein in 30 Jahren als Profifußballer und Manager aufgebauter guter Ruf langsam kaputt gemacht werde und das ‚mit immer primitiveren Methoden'" (*SZ* 17.11.2000). Als Daniel Cohn-Bendit in Frankreich wegen seines Buches „Le Grand Bazar", in dem er von seinen Erfahrungen in einem Frankfurter „Kinderladen" berichtete, des Missbrauchs von Kindern verdächtigt worden war, bezeichnete er dies als „‚Menschenjagd' als deren Opfer er sich fühlen" müsse. Er lasse sich „nicht öffentlich hinrichten, weder durch *TF1* noch durch eine Zeitung oder irgendwen" (*FAZ* 27.2.2000).

Als zwei Wochen lang über den Kokaingenuss von Christoph Daum spekuliert worden war, gestand er, er sei „leer und kaputt". Er „finde kaum noch Schlaf" und komme nachts „nur mit Schlaftabletten ... zur Ruhe" (*FAZ* 14.10.2000). Wenig später erklärte auch der Manager seines Vereins, Raimund Calmund, was er derzeit durchmache, sei „die Hölle". Er habe in seinem „Leben die wildesten Achterbahnen überstanden, aber das ist die gruseligste Geisterbahn meines Lebens" (*FAZ* 31.10.2000). Kurt Biedenkopf präsentierte sich am 16. Mai 2001 im sächsischen Landtag, Florian Gerster am 25. Januar 2004 in *Sabine Christiansen* als Opfer einer Kampagne. Margret Härtel bezeichnete sich als Opfer einer „öffentlich betriebenen politischen Menschenjagd", die das Ziel habe, sie zu stigmatisieren. Sie hatte einen Kreislaufkollaps und litt nach Aussagen eines psychiatrischen Gutachtens unter Depressionen. Über Joschka Fischers Reaktion auf die Skandalierung seiner Vergangenheit schreiben seine Biographen: „Joschka Fischer hat in dieser Zeit schwer gelitten. Er war gereizt, deprimiert, mitunter sogar verzweifelt...." (Geis, Ulrich 2002, 189). Michel Friedman war durch die Anpragerung seiner Kokain-Eskapaden „nach Aussagen von Freunden körperlich und psychisch schwer angeschlagen" (*Welt* 20.6.2003). Sein Anwalt bezeichnete die Informationen der Strafverfolger als „öffentliche Hinrichtung" (*FAZ* 20.6.2003) und Heribert Prantl beschrieb im Umfeld von mehreren Artikeln über „Die Lust am Skandal" anlässlich der Anprangerung von Friedman am Beispiel Günter Kießlings eindringlich „Die Ohnmacht der Opfer" (*SZ* 25.6.2003).

Alle Täter fühlen sich als Opfer. Aber wer dies zu erkennen gibt, kann nicht mit Mitleid rechnen. Er muss im Skandal mit der Häme derer rechnen, die von der Berechtigung der Vorwürfe überzeugt sind. So schrieb Franziska Augstein auf dem Höhepunkt des CDU-Spendenskandals in der *Frankfurter Allgemeinen Zeitung* abschätzig, dass jetzt „der Begriff ,Verleumdung' skandiert" werde. Alle fühlten „sich systematisch verleumdet: Helmut Kohl von Rot-Grün und zwei Dritteln der deutschen Presse; Wolfgang Schäuble von einigen Intriganten, von denen Brigitte Baumeister sich habe ,instrumentalisieren' lassen; und Brigitte Baumeister von Wolfgang Schäuble" (Augstein 2000). Heribert Prantl, der 2003 anlässlich der Skandalierung Friedmans Kießlich als hilfloses Opfer beschrieb, hatte anlässlich der Vorstellung von Kohls Tagebuch gehöhnt: „Wohin Kohl schaut, überall Verschwörung, überall Feinde: die SPD sowieso, die Grünen erst recht, die Presse gleich gar. Und mit jedem Tagebucheintrag werden die Feinde in der eigenen Partei lebendig – undankbare Kreaturen, die die Hand dessen beißen, der sie genährt und großgezogen hat" (Prantl 2000). Nachdem Uli Hoeneß wegen seiner angeblichen Angriffe auf Christoph Daum Morddrohungen erhalten hatte, spöttelte Peter Schmitt in der *Süddeutschen Zeitung*: „Uli Hoeneß geht's jetzt um die Wurst." Das Einzige, was Uli Hoeneß noch schmecke, seien „seine ‚Original Nürnberger' Rostbratwürste". Ansonsten sei „dem 46-Jährigen der Appetit längst vergangen". Den Grund schob er nach: Hoeneß sei der Appetit vergangen „seit irgendwelche Verrückte ihm mit anonymen Bombendrohungen und einer Kopfprämie von 10.000 Mark für denjenigen, der ihn im Stadion ‚von der Bank schießt', das Leben vermiesen" (Schmitt 2000). Offensichtlich war das für Schmitt kein Grund, sich das Leben „vermiesen" zu lassen.

Warum fühlen sich alle Skandalierten als Opfer? Und warum erklären dies die meisten, obwohl sie mit Unverständnis und Häme rechnen müssen? Mit den Fehlern und Missständen hängt dies offensichtlich nicht zusammen. Dafür sind die geschilderten Fälle zu verschieden, nur die Reaktionen ähneln sich. Sehr viel mehr hat es mit der Sichtweise der Skandalierten und der Darstellung des Geschehens durch die Medien zu tun. Für die Verantwortlichen bei der Hoechst AG waren der ortho-Nitroanisol-Unfall und seine Auswirkungen die Folge einer Kette von unglücklichen Umständen: Es war Fastnachtszeit und der Arbeiter, der die chemische Reaktion kontrollieren sollte, betrunken. Anstatt die Temperatur vorschriftsmäßig zu senken, heizte er den Reaktor auf, der Druck stieg und die Chemikalien strömten über die Sicherheitsventile nach draußen. Am Unfalltag herrschte ungewöhnlich starker Wind, wodurch die Stoffe über den Main in ein Wohngebiet geweht wurden. Dort wurden sie zunächst nicht entdeckt, weil es mit -2 Grad ungewöhnlich kalt war und ortho-Nitroanisol bei niedrigen Temperaturen unsichtbar ist. Die Sprecher des Unternehmens hielten pflichteifrig kurz nach dem Unfall eine Pressekonferenz ab, kannten zu diesem Zeitpunkt aber weder die Ausdehnung der belasteten Gebiete, noch wussten sie von dem Krebsverdacht gegen ortho-Nitroanisol. Alle Beteiligten waren folglich Opfer einer Verkettung von unglücklichen Umständen geworden (Kepplinger/Hartung 1995).

Die Journalisten und ihr Publikum sahen das gleiche Geschehen ganz anders: Der zuständige Arbeiter hatte gegen seine Vorschriften verstoßen, und der vorgesetzte Werksleiter hatte seine Aufsichtspflicht gegenüber dem Arbeiter vernachlässigt. Die Techniker und Chemiker hätten erkennen müssen, dass die Masse der Chemikalien – ausgetreten waren fast 12 Tonnen – nicht direkt neben dem Reaktor lag. Sie hätten auch wissen müssen, dass ortho-Nitroanisol in den kalten Morgenstunden nicht sichtbar sein würde und folglich überall sein konnte. Die Sprecher des Unternehmens hätten erst alle Fakten recherchieren und dann vor die Presse treten müssen. Aus Sicht der Journalisten und ihres Publikums waren alle Beteiligten Täter. Bei diesen Wahrnehmungs-Diskrepanzen zwischen Akteuren und Beobachtern handelt es sich nicht um einen Einzelfall. Für Kohl war die Annahme der Spenden eine Folge der finanziellen Notlage der CDU-Landesverbände in den neuen Ländern. Anders als die SPD hatte die CDU nach der Vereinigung keine großen Vermögenswerte zurückerhalten. Im Unterschied zur SPD konnte die CDU auch nicht mit der organisatorischen Unterstützung der Gewerkschaften rechnen. Folglich waren aus der damaligen Sicht Kohls die anonymen Spenden notwendig und gerechtfertigt. Für die meisten Journalisten war die Annahme der anonymen Spenden dagegen ein Teil des „Systems Kohl". Der *Spiegel* widmete dieser Thematik eine eigene Titelgeschichte und lokalisierte darin die Ursachen von Kohls Verhalten in seinen „Ludwigshafener Kindheits- und Jugendtagen" (27.12.1999). Auf ähnliche Weise leitete Hans Leyendecker (2000) die Annahme der anonymen Spenden zu Beginn der neunziger Jahre aus Kohls Charakter und seinen prägenden Erfahrungen am Beginn seiner politischen Laufbahn ab. Dementsprechend charakterisierte er im Untertitel seines Beitrags Kohls Verhalten als „Fortsetzungsgeschichte".

Lothar Späth betrachtete seine Auslandsflüge auf Kosten der Industrie als einen Tribut an die knappe Haushaltslage seines Bundeslandes. Seine Kritiker hielten sie für den Ausdruck einer bauernschlauen Anbiederung. Johannes Rau sah private Zwischenstopps bei seinen Flügen auf Kosten der Westdeutschen Landesbank als nicht vermeidbare Unterbrechungen seiner Dienstgeschäfte. Seine Kritiker erblickten darin die Folge einer anmaßenden Interpretation seines Amtes. Nach Überzeugung der Shell AG war die Versenkung der Brent Spar unter den gegebenen Umständen die beste von mehreren riskanten Möglichkeiten. Die Kritiker des Unternehmens hielten die Entscheidung für einen Willkürakt im Interesse des Unternehmens. In allen Fällen bestritten die Akteure weder ihre Handlungen noch deren problematischen Charakter. Trotzdem betrachteten sie sich – im Unterschied zu den unbeteiligten Beobachtern – als Opfer eines Geschehens, an dem sie maßgeblich beteiligt waren.

Woher kamen die Unterschiede in der Wahrnehmung derselben Sachverhalte – und wer hat hier Recht? Die unbeteiligten und unbelasteten Beobachter oder die beteiligten und belasteten Akteure? Eine Antwort gibt die bereits in den vierziger Jahren des vorigen Jahrhunderts von Fritz Heider konzipierte „Attributions-Theorie" (1944). Für Heider sind alle Menschen zwanghafte Ursachensucher. Sie suchen spontan und permanent nach Erklärungen für richtige und falsche Verhaltensweisen, für Erfolge und Misserfolge. Sie fragen sich automatisch, warum jemand unhöflich oder zuvorkommend war; warum jemand gestohlen hat oder beschenkt wurde; wieso ein Unfall geschehen ist oder vermieden werden konnte usw. Zur Erklärung des Geschehens ziehen sie in der Regel drei Klassen von Ursachen heran: Erstens die Persönlichkeit der Akteure – ihre Herkunft, ihren Charakter, ihre Intelligenz usw. Zweitens die Umstände ihres Handelns – die Einmaligkeit der Situation, die Existenz von Zwängen usw. Und drittens den Einfluss von fremden Mächten – des Zufalls, des Schicksals usw. Dabei verfahren sie nicht willkürlich. Die Akteure selbst führen ihr Verhalten meist auf die Umstände ihres Handelns zurück, weil sie sie aus eigenem Erleben kennen. Die Beobachter erklären das gleiche Verhalten dagegen meist mit der Persönlichkeit der Akteure, weil sie sich aufgrund ihrer Lebenserfahrung davon eher ein Bild machen können.

Der Sozialpsychologe Michael D. Storms (1973) hat den Einfluss der unterschiedlichen Perspektiven von Akteuren und Beobachtern auf die Erklärung des Verhaltens mit einem einfallsreichen Experiment nachgewiesen. Grundlage seiner Studie sind Gespräche zwischen zwei Personen, die sich gegenübersaßen und von zwei Kameras gefilmt wurden. Die Kameras waren seitlich versetzt hinter den Gesprächspartnern montiert, so dass sie jeweils einen Gesprächspartner von vorne aufnahmen. Zudem wurden die Gespräche von zwei unbeteiligten Personen direkt beobachtet. Ein Teil der Akteure und Beobachter beschrieb und erklärte das Geschehen unmittelbar im Anschluss an die Gespräche. Erwartungsgemäß führten die Akteure ihr Verhalten eher auf Umstände zurück, während die Beobachter die Ursachen eher in den beteiligten Personen vermuteten. Ein anderer Teil der Akteure sah nach den Gesprächen zunächst die Videoaufnahmen. Dabei verfolgten einige das Geschehen aus der gleichen Perspektive wie zuvor. Sie sahen die Aufnahmen der Kamera, die hinter ihnen montiert war. Einige betrachteten es dagegen aus der entgegengesetzten Perspektive: Sie sahen die Aufnahmen der Kamera, die ihnen gegenüberstand und nahmen sich folglich aus der Perspektive von Beobachtern wahr. Der erzwungene Perspektivwechsel schlug sich signifikant in der Beschreibung des Geschehens nieder: Akteure, die ihr Verhalten aus der Akteursperspektive sahen, führten es auf die Umstände zurück. Akteure, die es aus der Beobachterperspektive sahen, nannten häufiger Ursachen, die in ihrer Person lagen.

Die generellen Unterschiede in den Sichtweisen von Akteuren und Beobachtern sind bei der Erklärung negativer Geschehnisse noch größer als sonst, weil der Verweis auf die Umstände die Handelnden von Verantwortung entlastet. Man spricht deshalb auch von einem „self-serving bias" – einer selbstdienlichen Verzerrung. Die spezifische Interessenlage verstärkt die generellen Unterschiede und führt zu massiven Diskrepanzen zwischen Akteuren und Beobachtern: Während die einen nur noch die Umstände gelten lassen, sehen die anderen nur noch die Akteure. Hierbei handelt es sich um ein generelles Problem im Verhältnis zwischen Journalisten und jenen, über die sie berichten.

Journalisten sind berufsmäßige Beobachter. Schon deshalb erblicken sie die Ursachen von Fehlern meist in den handelnden Personen. Für sie lag die Ursache des Verhaltens der Verantwortlichen der Hoechst AG, Shell AG und Bayer AG, von Kohl, Härtel und Friedman – so weit sie es als schuldhaft betrachteten und darstellten – im Charakter der Personen. Sie konnten sich ohne Rücksicht auf die Umstände in jeder Hinsicht frei entscheiden und waren folglich für ihr Verhalten voll verantwortlich. Sie waren aber nicht nur schuldig. In dem skandalierten Verhalten, einer möglicherweise singulären Handlung, offenbarte sich eine dauerhafte Disposition, ihr Charakter.

Aus der Perspektive eines Beobachters der Beobachter und der Akteure haben beide Recht, die Journalisten und die Skandalierten. Die Akteure sind Täter und Opfer zugleich. Sie sind Täter, weil sie meist die Verfehlungen begangen und die Missstände verursacht haben, die ihnen vorgeworfen werden. Dabei spielen immer auch Eigenschaften ihrer Persönlichkeit eine Rolle – beispielsweise die Nachgiebigkeit des Werksleiters im Umgang mit untergebenen Mitarbeitern im Falle des ortho-Nitroanisol-Unfalls oder der Machtwille Kohls angesichts der Möglichkeit einer sozialdemokratisch-sozialistischen Allianz in den Neuen Bundesländern. Die Skandalierten sind aber auch Opfer der Bedingungen, unter denen sie gehandelt haben – des Wetters in Höchst, der Finanzlage der CDU oder der Terminnot eines Ministerpräsidenten. Diese Doppelnatur der Akteure und der Einfluss der Rolle, die sie wahrnehmen, zeigt sich auch in der Argumentation von Journalisten, wenn sie selbst aus der Rolle der unbeteiligten Beobachter in die Rolle der beobachteten Akteure geraten. Dann sehen auch sie die Ursachen der eigenen Fehler ebenfalls überwiegend in den Umständen ihres Handelns – dem Mangel an Informationen, dem Zeitdruck in den Redaktionen, den Erwartungen des Publikums, der Konkurrenz zwischen den Medien, den Pressionen aus der Politik usw. Wie alle Akteure betrachten sie sich, auch wenn sie eine Mitschuld an den jeweiligen Fehlern nicht leugnen, als Opfer der Umstände: Wären sie unabhängiger und der Zeitdruck geringer, dann würden diese und jene Fehler nicht passieren. Auch Journalisten sind zugleich Täter und Opfer der Umstände – der Existenz scheinbar glaubhafter Zeugen und offizieller Dokumente sowie des Fehlens anders lautender Informationen. Dieser Sachverhalt zeigt sich beispielhaft an den journalistischen Stellungnahmen zur irrtümlichen Skandalierung der Einwohner von Sebnitz.

Nachdem sich die Berichte, der sechsjährige Joseph sei in Sebnitz Opfer einer rechtsradikalen Gewalttat geworden, als falsch erwiesen hatten, charakterisierten sich – wie *message* (1/2001) dokumentierte – mehrere der Berichterstatter als Opfer ungünstiger Umstände. Bernhard Honnigfort von der *Frankfurter Rundschau* erklärte seinen Irrtum mit dem Hinweis auf Zeit- und Informationsmangel: Er sei „nur drei Wochen mit dem Fall beschäftigt" gewesen und habe „nicht jeden Brief der Kanzlei Bossi in Händen [gehabt], den Bruno Schrep hatte" – ein Kollege vom *Spiegel*, der auf die Geschichte nicht hereingefallen war. Jens Schneider von der *Süddeutschen Zeitung* schrieb dem abweisenden Verhalten der Sebnitzer eine Mitschuld zu: Nur „wenige Sebnitzer wollten überhaupt noch mit Journalisten sprechen. Fast alle Gesprächspartner waren trotz der drei Festnahmen und der Zeugenaussagen sicher, dass die Vorwürfe haltlos seien", wodurch sie offensichtlich besonders unglaubwürdig erschienen. Andere, wie Barbara Dribbusch von der *tageszeitung*, verwiesen auf eine Presseerklärung der Dresdener Staatsanwaltschaft, „in der sie die Verhaftung der drei Hauptverdächtigen mitteilte ... Das musste als erste Quelle Grund genug sein, einen Artikel zu verfassen." Die Erklärung der Berichterstattung über Sebnitz durch die beteiligten Journalisten ist keine atypische Reaktion in einem Extremfall. Ähnliche Argumente findet man auch bei weniger dramatischen Vorgängen. Als z. B. der Verein „Bürger fragen Journalisten" Journalisten, die nach seiner Meinung die Regeln journalistischen Handelns verletzt hatten, mit Zeitungsanzeigen attackierte, charakterisierte der Deutsche Journalisten Verband, der sonst Ausweitungen des Gegendarstellungsrechtes entschieden ablehnt, die betroffenen Journalisten als Opfer einer überlegenen Organisation, die sich nicht hinreichend wehren könnten, weil dafür in einigen Bundesländern das Gegendarstellungsrecht nicht ausreiche (*journalist* 1/1986).

Die Skandalierten sind aus ihrer eigenen Sicht nicht nur Opfer der Umstände. Sie sind auch und vor allem Opfer der Berichterstattung.

Obwohl beide Recht haben – die Akteure und die Beobachter – wird die Berichterstattung über Skandale durch die Sichtweise der Journalisten geprägt, zumal die Akteure durch ihr Verhalten in den Augen der Berichterstatter ihre Glaubwürdigkeit verloren haben. Die Akteure werden deshalb mit Darstellungen konfrontiert, die mit ihren eigenen Erlebnissen und Sichtweisen nicht vereinbar sind. Sie bestreiten zwar in der Regel nicht, dass sie Fehler begangen haben, halten die Medienberichte aber dennoch für grobe und oft ehrverletzende Verfälschungen. Die Berichte sind aus ihrer Sicht falsch, weil sie die „wahren" Ursachen des Geschehens – nämlich die Bedingungen ihres Handelns – verkennen. Ihnen geschieht, auch wenn die Fakten stimmen, Unrecht, weil sie als frei und bewusst entscheidende Täter erscheinen, wo sie nach eigener Überzeugung reagierende Opfer waren. Hierbei handelt es sich, wie eine schriftliche Befragung der Pressesprecher von 151 deutschen Großunternehmen zeigt, um ein generelles Problem im Verhältnis von gesellschaftlichen Akteuren und journalistischen Berichterstattern.

Zwei Drittel der Unternehmen (66 %) waren schon einmal „in einer Krise oder einem Konflikt Gegenstand von Medienberichten geworden". Nach Ansicht von nahezu zwei Dritteln (62 %) dieser Unternehmen waren in diesen Berichten die Fakten nicht richtig dargestellt worden. Worin lagen die Mängel? Nur relativ wenige Pressesprecher beklagten sich darüber, dass „Fehler von Unternehmensangehörigen ... aufgebauscht und dramatisiert" wurden (21 %). Etwas mehr berichteten, dass „Mitarbeitern des Unternehmens ... Fehler und Versäumnisse vorgeworfen [wurden], die sie nicht begangen hatten" (29 %). Die häufigste Begründung war jedoch, dass „Umstände, auf die das Unternehmen keinen Einfluss hatte, ... verschwiegen oder heruntergespielt wurden" (57 %). Die Journalisten stellten mit anderen Worten die Sachverhalte meist nüchtern dar, berichteten jedoch aus der Beobachterperspektive häufig nicht hinreichend über die Handlungsbedingungen der Akteure. Dadurch erweckten sie den Eindruck, dass die Akteure in weitaus stärkerer Weise für die Folgen ihres Handelns verantwortlich waren, als diese es aus der eigenen Perspektive wahrgenommen hatten (Kepplinger 2003).

Menschen, die sich beim Deutschen Presserat über Beiträge über ihre eigene Person beschweren, klagen über ähnliche Fehldarstellungen wie die Sprecher großer deutscher Unternehmen. Dies belegt eine Befragung von 91 Personen im Sommer 2002, die sich vom 1. April 2000 bis zum 31. März 2002 beim Deutschen Presserat beschwert hatten. Sie kritisieren vor allem zwei Charakteristika der aus ihrer Sicht nicht akzeptablen Beiträge: Die medienerfahrenen und die medienunerfahrenen Beschwerdeführer beklagten am häufigsten, ihnen seien „Fehler ... unterstellt" worden, die sie „nicht begangen hatten" (60 % bzw. 51 %). Am zweithäufigsten beklagten sie, „Umstände", auf die sie „keinen Einfluss hatten", seien „verschwiegen oder heruntergespielt" worden (55 % bzw. 49 %). Auch hier erkennt man die spezifische Sichtweise der Akteure, die sich von der Sichtweise der Berichterstatter und der Art ihrer Darstellung unterscheidet, was bei den Akteuren den Eindruck hervorruft, ihr Verhalten sei unfair dargestellt worden. Dabei spielt die Medienerfahrung keine große Rolle. Dies belegen die gesonderte Betrachtung der Beschwerdeführer, über die die Medien nach eigener Aussage häufig berichten. Sie unterscheiden sich nicht wesentlich von den Erlebnissen der Beschwerdeführer, die sonst nie in den Medien sind. Offensichtlich kann man den gelassenen Umgang mit der – aus Sicht der Akteure – verkürzten Darstellung ihres Verhaltens nicht lernen. Man leidet auch dann darunter, wenn man es – wie einige der Beschwerdeführer – schon mehrfach erlebt hat (Kepplinger/Glaab 2005).

Zu der aus Sicht der Skandalierten „nur" einseitigen und unfairen Darstellung der meisten Medien kommen vielfach auch extreme Schmähungen einzelner Medien. Hierbei handelt es sich um einen Sachverhalt, dem inzwischen auch von den Gerichten Rechnung getragen wird. So stellte der zuständige Richter am Landgericht Hanau, Klaus Frech, im Januar 2004 das Verfahren gegen die ehemalige Oberbürgermeisterin von Hanau, Margret Härtel, u. a. mit der Begründung ein, Teile der Medien hätten die Unschuldsvermutung „mit Füßen getreten" (*AZ* 13.1. 2004). Im Juli des gleichen Jahres begründete der zuständige Richter am Landgericht Karlsruhe, Harald Kiwull, die relativ geringe Strafe im Berufungsverfahren gegen den in der Boulevardpresse als „Todesdrängler" gebrandmarkten

Angeklagten u. a. mit dem Argument, die „unwürdige und menschenverachtende" Berichterstattung habe den Angeklagten „psychisch und physisch nachhaltig beeinträchtigt" (*FAZ* 30.7.2004).

Die Skandalierten fühlen sich schließlich auch deshalb als Opfer, weil sie selbst oder die Organisationen, denen sie angehören, Gegenstand einer kaum vorstellbaren Masse von richtigen und falschen, nüchternen und aufgebauschten, wertfreien und tendenziösen Medienberichten sind. Über den ortho-Nitroanisol-Unfall bei der Hoechst AG am 22. Februar 1993 erschienen 702 Presseberichte sowie 192 Hörfunk- und Fernsehbeiträge. Dazu kamen ca. 1.000 Beiträge über andere Betriebsstörungen, die sich nach dem 22. Februar ereigneten. Vor allem die Boulevardblätter, die Wochenpresse sowie Hörfunk und Fernsehen brachten überwiegend Beiträge, die das Geschehen durch die Wortwahl, durch Fehlbehauptungen sowie durch optische und akustische Verfremdungseffekte dramatisierten und den Akteuren vor Ort als schuldhaftes Versagen anlasteten (Kepplinger/Hartung 1995, 162 ff). Der CDU-Spendenskandal war Ende 1999 das alles überragende Thema der Berichterstattung des Fernsehens und der überregionalen Tageszeitungen. Die Haupt-Nachrichtensendungen von *ARD, ZDF, SAT 1* und *PRO 7* berichteten darüber vom 1. Oktober bis zum 31. Dezember dreimal so intensiv wie über das wichtigste Sachthema, die Steuerreform (Ruß-Mohl 2000). Die vier wichtigsten überregionalen Tageszeitungen, die *Frankfurter Allgemeine Zeitung*, die *Süddeutsche Zeitung*, die *Welt* und die *Frankfurter Rundschau*, publizierten vom 3. November 1999 bis zum 22. Januar 2000 zusammen 932 Artikel zur Parteispendenaffäre. Nahezu ein Drittel präsentierte das Verhalten der Hauptakteure als „moralisch fragwürdige Machenschaften"; etwa ein weiteres Drittel charakterisierte es als strafrechtlich bewerte Tatbestände, etwa ein Fünftel stellte es als Betrug an der Öffentlichkeit bzw. an den Wählern dar (Hohlfeld 2000).

Trotz der großen Zahl von Berichten besitzen die Betroffenen, sobald ihr Verhalten erfolgreich skandaliert wurde, kaum noch die Möglichkeit, ihre Sichtweise darzustellen. Ein Beispiel hierfür ist die minimale Resonanz der Pressemeldungen in den ersten vier Tagen nach dem ortho-Nitroanisol-Austritt bei der Hoechst AG im Februar

1993. Die zentralen Aussagen der Hoechst AG wurden in nahezu zwei Dritteln aller Presse- und Fernsehberichte überhaupt nicht wiedergegeben. Wenn sie wiedergegeben wurden, wurden sie in mehr als zwei Dritteln aller Fälle negativ bewertet. Das Unternehmen besaß folglich direkt nach dem Störfall kaum noch eine Chance, seine Version des Geschehens darzustellen. Paradoxerweise hieß es später allgemein, die Hoechst AG sei das Opfer ihrer falschen Informationspolitik geworden. Dies trifft für die ersten Stunden nach dem Unfall zu und erklärt das daraus resultierende Misstrauen, ändert jedoch nichts daran, dass die darauf folgende Diskreditierung der sachlich richtigen Presseerklärungen des Unternehmens eine Hauptursache der Irreführung der Öffentlichkeit war (Sturny 1997).

Einem ähnlichen Abwehrmechanismus sah sich Uli Hoeneß ausgesetzt (Fichtner, Willeke 2000). Nachdem die *Münchner Abendzeitung* über angebliche „Schnupforgien" Daums und „wilde Partys mit Prostituierten" berichtet, Hoeneß dazu telefonisch um seine Meinung gefragt und seine Antwort groß herausgebracht hatte, hieß es allseits, Hoeneß selbst habe die Behauptungen über Daum in die Welt gesetzt. Ein Dementi der Pressestelle des FC Bayern München, das Hoeneß von seinem Urlaubsort aus initiiert hatte, verhallte nahezu ungehört. Als er einige Tage später vor rund 200 Journalisten den Hergang des Geschehens erläuterte, hieß es unter anderem in *Sabine Christiansen* (15.10.2000), er habe seine Äußerung nicht so gemeint, wie er sie formuliert hatte, sondern so, wie sie interpretiert worden sei. Die gleichen Erfahrungen mussten die Einwohner von Sebnitz machen, deren Darstellung vom Hergang des Todes des sechsjährigen Joseph auf dem Höhepunkt des Skandals keine Chance besaß. Stattdessen wurde ihre Weigerung, nach den ersten Skandalberichten weitere Interviews zu geben, als Beleg für die schlimmsten Befürchtungen interpretiert und entsprechend publiziert. Als ein Vorstandsmitglied der Bayer AG während des Lipobay-Skandals im *ZDF* korrekt feststellte: „Die Anwendung von hochwirksamen Medikamenten ist immer mit Nebenwirkungen verbunden, die auch bis zum Tode führen können…" behauptete *Bild* in der Überschrift einer Meldung: „Bayer-Manager verhöhnt Opfer" und im Text, „der Konzern" gebe „jetzt den Patienten die Schuld".

Ergänzend kam der SPD-Gesundheitsexperte Kirschner mit der Stellungnahme zu Wort: „Zynisch! Eine entschuldigende Klarstellung wäre angebracht" (11.8.2001).

Bei den Verletzungen, die öffentlich attackierte Menschen empfinden, handelt es sich nicht um flüchtige Emotionen, sondern um lang andauernde Kränkungen. Dies belegen die Aussagen der Beschwerdeführer beim Deutschen Presserat. Obwohl die Anlässe ihrer Beschwerden zwischen drei Monaten und zwei Jahren zurücklagen, erklärten 57 Prozent der Medienerfahrenen und sogar 70 Prozent der Medienunerfahrenen, dass ihnen „die Sache … immer noch ziemlich nahe" gehe. Dagegen äußerten nur jeweils 17 Prozent, sie hätten inzwischen „etwas Abstand gewonnen". Ein Grund für die lang anhaltenden Verletzungen der Betroffenen sind die Veränderungen in ihrem sozialen Umfeld. Die Medienerfahrenen und die Medienunerfahrenen berichteten, andere Menschen seien ihnen „aus dem Weg gegangen" (17 % bzw. 34 %); sie hätten das Gefühl gehabt, andere Menschen seien von ihnen „enttäuscht" gewesen (23 % bzw. 28 %) und hätten sie „mit ihrer Fragerei gequält" (31 % bzw. 34 %). Auch hier zeigen die relativ geringen Unterschiede in den Erlebnissen der Medienerfahrenen und Medienunerfahreren, dass man den Umgang mit öffentlichen Angriffen auf die eigene Person nur in engen Grenzen lernen kann, zumal die Betroffenen kaum Einfluss auf negative Reaktionen ihrer sozialen Umgebung haben (Kepplinger/Glaab 2005).

Was für die Beschwerdeführer beim Deutschen Presserat gilt, trifft in noch viel stärkerem Maße auf Skandalierte zu, die zum Gegenstand massierter Angriffe werden. Sie fühlen sich auch deshalb als Opfer, weil die Skandalberichterstattung gelegentlich Reaktionen des Publikums auslöst, die weit über das hinausgehen, was die meisten Berichterstatter beabsichtigen oder in Rechnung stellen. Helmut Kohl wurde in Berlin bei der Signierung seines „Tagebuchs" mit einem Windbeutel beworfen. Uli Hoeneß wurde beim Fußballspiel des FC Bayern München in Cottbus physisch attackiert und erhielt mehrere Morddrohungen. Auf der Homepage der Stadt Sebnitz fanden sich unter anderem die Aufrufe „Gebt allen Ossis eine Spritze mit dem Aids-Virus" und „Tod allen Nazis. Tod Bürgermeister

Ruckh" (*FR* 30.11.2000). Während der Skandalierung der Oberbürgermeisterin von Hanau fanden sich im Gästebuch des Internetauftritts der Stadt Aufforderungen zum Selbstmord von Frau Härtel (*FAZ* 15.1.2004), und während der Skandalierung von Jürgen Möllemann wegen der Aufnahme des Abgeordneten Karsli in die FDP inszenierte der Regisseur Christoph Schlingensief vor Möllemanns Unternehmenssitz in Düsseldorf das Stück „Tötet Möllemann!" (*WamS* 22.6.2003).

Aufgrund der Mischung von Attacken verschiedenster Art fühlen sich die meisten Skandalierten missverstanden, ungerecht behandelt, aufs Äußerste verletzt und völlig machtlos. Weil sie davon überzeugt sind, dass ihre Rolle falsch dargestellt wird, und weil sie sich kaum in die Rolle der Journalisten versetzen können, erklären sie sich die Berichterstattung über ihre eigene Person mit niederen Motiven der Journalisten. Dementsprechend abweisend bis aggressiv verhalten sie sich gegenüber den Berichterstattern. Damit wird häufig ein Rückkoppelungsprozess in Gang gesetzt, der sich kaum noch stoppen lässt. Die Folge ist genau das, was die Skandalierten vermeiden wollen – eine weitere Eskalation der Angriffe, verbunden mit einer Solidarisierung innerhalb des Journalismus.

Als der hessische Ministerpräsident Roland Koch einige Monate vor der Einstellung des Wahlprüfungsverfahrens die gegen die dortige CDU erhobenen Vorwürfe einen „medialen Hokuspokus" nannte, hieß es in einem Kommentar der *Mainzer Allgemeinen Zeitung*: „Die Art und Weise, wie Koch ... die von ihm persönlich geladenen Pressevertreter im Garten seiner Dienstvilla beschimpfte, ist ein zusätzlicher Fingerzeig, wie groß die Erklärungsnöte mittlerweile sind und wie schlecht die Nerven" (26.8.2000). Und als sich der nordrhein-westfälische Ministerpräsident Wolfgang Clement während der Schleußer-Affäre über Informanten-Honorare des *Spiegel* beklagt hatte, die angeblich mit der Position der Politiker stiegen, die zurücktreten müssten, schrieb die *Rheinische Post*, Clement dresche „wütend ... auf den *Spiegel* ein". Er lasse seinen „Pressesprecher ... wettern" und seine Staatskanzlei reagiere „geradezu hasserfüllt". Dies mündete in das Gesamturteil: „Clement wirkt nicht mehr souverän" (22.2.2000).

Warum beklagen sich die Skandalierten über ihre Opferrolle, wenn sie damit rechnen müssen, dass dies eher negative Reaktionen provoziert? Und warum reagieren viele Journalisten, die normalerweise mit allen Mitleid bekunden, die sich als Opfer sehen, auf ihre Klagen mit Hohn und Spott? Die Antwort auf die erste Frage lautet, dass die meisten Skandalierten den Druck der öffentlichen Angriffe nicht aushalten und deshalb teilweise auch wider besseres Wissen ihr subjektiv empfundenes Leid los werden wollen, indem sie darüber reden. Die Antwort auf die zweite Frage ist vielschichtiger. Erstens beruht der Hohn und Spott gegenüber den Skandalierten, die sich als Opfer darstellen, auf Unwissen: Die Beobachter können sich vielfach nicht vorstellen, was die Skandalberichte bei den Betroffenen auslösen. Dies gilt schon für die unbeteiligten Leser der Zeitungsberichte, über die sich die Betroffenen beim Deutschen Presserat beschweren: Sie können kaum nachempfinden, welche Emotionen diese Pressebeiträge bei den Betroffenen ausgelöst haben (Glaab 2005). Noch weniger kann man die Reaktionen von Menschen nachvollziehen, die zum Gegenstand dutzender oder hunderter Angriffe werden. Zweitens ist der Spott und Hohn über die Opfer-Empfindungen der Skandalierten die Folge einer Rollen-Inkonsistenz: Wer Täter ist, kann nach einer landläufigen Vorstellung nicht Opfer sein. Das passt nicht zusammen. Dies ist der Grund für die widersprüchlichen Stellungnahmen von Heribert Prantl zur Opfer-Rolle von Kohl und Kießling/Friedman: Kohl war aus seiner Sicht schuldhafter Täter und konnte folglich kein Opfer sein. Kießling war aus seiner Sicht dagegen kein Täter und Friedman hatte allenfalls geringe Schuld auf sich geladen. Sie konnten folglich Opfer sein. Die beiden genannten Gründe erklären jedoch nur einen Teil der atypischen Reaktionen auf die Klagen der Täter. Ihre Hauptgründe liegen in der Voraussetzung von Mitleid und in der Funktion von Skandalen.

Mitleid mit Opfern setzt voraus, dass man sich in die Opfer versetzt, dass man sich bis zu einem gewissen Grad mit ihnen identifiziert und das Geschehen aus ihrer Perspektive wahrnimmt. Im Skandal würde das einen Wechsel von der Beobachter- zur Akteursperspektive erfordern. Die Journalisten und andere Beobachter müssten das Geschehen aus der Sichtweise derer betrachten, die die

Missstände verursacht haben. Damit aber würde das zusammenbrechen, was den Missstand zum Skandal macht: Was den Skandalierten vorgeworfen wird, würde zum erheblichen Teil als Folge von ungünstigen Umständen erscheinen und folglich keine große Empörung hervorrufen. Bei dem Hohn und Spott gegenüber den Tätern, die sich als Opfer bezeichnen, handelt es sich folglich um einen Abwehrmechanismus zur Verteidigung der kognitiven Grundlage der Skandalierung. Wer diese Grundlage verlässt, nimmt sich die Möglichkeit zur Skandalierung. Zugleich dienen der Hohn und der Spott der Verteidigung der sozialen Funktion des Skandals: Der Skandal zielt auf die Bekräftigung von Normen durch die Unterwerfung derer, die ihnen nicht folgen, und auf die Isolation jener, die sich zu den Normverletzern bekennen. Dies erfordert Distanzierung und schließt Identifizierung aus. Sie und das daraus resultierende Mitleid würden der Erfüllung der sozialen Funktion des Skandals im Wege stehen. Deshalb darf der Täter im Skandal auch dann kein Opfer sein, mit dem man Mitleid empfindet, wenn es sachlich berechtigt ist.

10 Trotz und Panik

Nachdem die Hoechst AG am 22. Februar 1993 sachlich korrekt, aber sprachlich widersinnig behauptet hatte, das bei dem Störfall ausgetretene ortho-Nitroanisol sei „mindergiftig", und nachdem die Kritik massiv und die Befürchtungen größer wurden, trat das Unternehmen die Flucht nach vorne an und ließ in einem demonstrativen Akt der Vorsorge Straßenbeläge abfräsen, Erdreich abtragen, Sträucher zurückschneiden und Bäume abholzen. Dabei mussten die Arbeiter aufgrund einer Anordnung des Hessischen Umweltministeriums Ganzkörper-Schutzanzüge und Atemschutzmasken tragen, die die Dramatik des Vorgehens noch erhöhten. Die Auswirkungen der gut gemeinten Maßnahmen waren verheerend. Wer den beruhigenden Versicherungen bisher noch geglaubt hatte, musste aus der Radikalkur schließen, dass er in größter Gefahr war, weil das Unternehmen solche Maßnahmen nicht durchführen würde, wenn sie nicht notwendig wären. Hunderte von verängstigten Anwohnern versammelten sich in der Schwanheimer Kirche und ließen – unterstützt von den verständnisvollen Ermutigungen der Fernsehjournalisten – ihrer Wut freien Lauf. Nun erst erreichten die Angst und die Empörung ihren Höhepunkt. Was war die Ursache dieser Fehlentscheidungen, die gegen die Interessen aller verstießen – der betroffenen Anwohner, des Unternehmens wie auch der zuständigen Behörden und Ministerien?

Nachdem die Shell AG wochenlang nahezu regungslos die von Greenpeace gesteuerte Kampagne gegen die Versenkung der Brent Spar hatte über sich ergehen lassen und die erste Presseerklärung des Unternehmens nicht die erhoffte Resonanz fand, erklärte die Geschäftsleitung plötzlich, dass die Brent Spar nach Norwegen geschleppt und an Land abgewrackt werden solle. Damit hatte das Unternehmen genau die Maßnahme beschlossen, die es bis dahin – und wie sich später herausstellte – zu Recht als weniger geeignet bezeichnet hatte, und so seine Glaubwürdigkeit in Umweltfragen diskreditiert. Nachdem Christoph Daum tagelang jeglichen Drogenkonsum bestritten und einen Drogentest abgelehnt hatte, verkündete er plötzlich ohne äußeren Anlass, er habe sich eine Haarprobe entnehmen lassen, die seine Unschuld beweisen werde. Damit war seine Karriere als Bundestrainer beendet, bevor sie begonnen hatte.

In extremen Einzelfällen endet der Wechsel von Trotz und Panik mit dem Selbstmord der Skandalierten. Ein Beispiel hierfür ist der vermutliche Freitod von Jürgen W. Möllemann. Nach der Bundestagswahl 2002 bestritt er energisch, dass er ein Flugblatt mit Angriffen u.a. auf die Palästinapolitik des israelischen Ministerpräsidenten Sharon mit illegalem Spendengeld bezahlt hatte und ließ seine Anwälte erklären, er habe für die Aktion eine Million Euro aus seinem Privatvermögen verwandt. Nachdem er am 17. März 2003 mit seinem Austritt aus der FDP einem Parteiausschlussverfahren zuvorgekommen war, spekulierte er gut zweieinhalb Monate später noch in einer Talkshow über die Gründung einer eigenen Partei. Vier Tage darauf, am 5. Juni, sprang er aus einem Sportflugzeug zu genau jenem Zeitpunkt in den Tod, in dem der Bundestag seine Immunität aufhob und die Staatsanwaltschaft seine Wohn- und Büroräume im Bundesgebiet sowie in Luxemburg, Spanien und Lichtenstein durchsuchte. Zwar hatte sich sein Fallschirm ordnungsgemäß geöffnet, dann jedoch etwa 1.000 bis 1.500 Meter über dem Boden plötzlich von Möllemann gelöst.

Der Ablauf des Geschehens legt die Folgerung nahe, dass sich Möllemann umgebracht hat, zumal ein technischer Fehler später ausgeschlossen wurde. Bewiesen ist ein Selbstmord damit jedoch nicht. Zudem kann man einwenden, Möllemann habe sich nicht wegen des öffentlichen Drucks umgebracht, sondern wegen seiner fragwürdigen Geldquellen und der zu erwartenden Strafe. Nicht die Skandalierung hat ihn demnach in den Tod getrieben – wenn es denn ein Freitod war – sondern die Angst vor einem Gerichtsverfahren und einer möglichen Gefängnisstrafe. Dies mag zutreffen, dürfte jedoch, wie die nahezu zeitgleiche Kelly-Affäre zeigt, nicht die einzige Erklärung sein. Nachdem der BBC-Korrespondent Andrew Gillian berichtet hatte, ein hoher Regierungsbeamter habe ihm mitgeteilt, die britische Regierung habe ein im vergangenen September vorgelegtes britische Dossier über die Rüstung des Irak aufgebauscht, um einen Angriff auf den Irak zu rechtfertigen, wurde der Mikrobiologe und Waffenexperte Davis Kelly als Quelle verdächtigt. Am 15. Juni 2003 bestritt Kelly vor einem Parlamentsausschuss gequält, die „Hauptquelle" der Behauptung von Gillian und anderen Journalisten gewesen zu sein. Am 16. Juni forderte Ministerpräsident Tony Blair die BBC auf zu erklären, ob Kelly die Quelle ihres Mitarbeiters war. Am 17. Juni brachte sich Kelly in der Nähe seines Hauses um. Drei Tage später bestätigte die BBC, dass Kelly die Quelle war. Kelly war, wie sich später zeigen sollte, sachlich und moralisch im Recht. Zwar fürchtete auch er möglicherweise ein Gerichtsverfahren. Bedeutsamer war aber, dass er die öffentliche Diskreditierung seiner Integrität im Parlament, seine baldige Enttarnung und die absehbare Kampagne gegen ihn nicht ertragen konnte.

Was ist die Ursache der skandaltypischen Fehlreaktionen – des Umschlagens von Trotz in Panik? Warum lassen die meisten Skandalierten erst alle Anschuldigungen scheinbar regungslos an sich abprallen, und unterwerfen sich dann plötzlich bedingungslos den Forderungen ihrer Kritiker? Wieso machen Skandalierte ab einem bestimmten Punkt plötzlich genau das, was sie zuvor aus sachlichen und taktischen Gründen entschieden abgelehnt hatten? Im Fall Daum war schnell von durch Drogen bedingtem „Realitätsverlust" und von „autosuggestiver Verblendung" die Rede. Das mag bei ihm eine Rolle gespielt haben. Es erklärt aber nicht die Panikreaktionen der Hoechst AG und der Shell AG, deren Konsequenzen ähnlich problematisch waren. Der Sache näher kam der Manager von Bayer Leverkusen, Reimund Calmund. Nach seiner Aussage war Daum „wie besessen von dieser Lösung", von diesem „Befreiungsschlag" (*FAZ* 23.10.2000). Ähnliche Beweggründe hatten auch die beiden Unternehmen: Auch sie planten einen „Befreiungsschlag". Wie konnten sie aber eine Vorgehensweise als „Befreiungsschlag" betrachten, die bei nüchterner Überlegung die Vorwürfe bestätigen und als Eingeständnis schuldhaften Versagens erscheinen musste? Wovon wollten sie sich „lösen" und „befreien"? Der Verdacht des Drogenmissbrauchs im Fall Daum oder der gedankenlosen Umweltzerstörung im Fall der beiden Unternehmen konnte es nicht sein, denn genau diese Vorwürfe wurden durch den „Befreiungsschlag" tatsächlich oder scheinbar bestätigt.

Eine Ursache der starren Trotzhaltung und ihres anschließenden Umschlagens in panikartige Unterwerfung sind die „reziproken Effekte" der Medienberichte – ihr Einfluss auf diejenigen, über die sie berichten.[4] Sie beruhen darauf, dass die Betroffenen die Vorwürfe geradezu zwanghaft mit drei Intentionen wahrnehmen: Sie bilden sich ein Urteil darüber, wie sie selbst waren – ob sie zum Beispiel bei Interviews Fehler gemacht haben oder nicht. Hier geht es um das Geschehen selbst, die Gegenstände der Berichterstattung. Sie bilden sich außerdem anhand der Berichterstattung eine Meinung darüber, wie die Medien das aktuelle Geschehen darstellen und bewerten. Hierbei geht es weniger um das Geschehen selbst als um seine Präsentation – die Auswahl und Bewertung der Fakten durch die Medien. Dabei stellen die Betroffenen auch Vermutungen über zukünftige Berichte an – wie die Medien den gleichen Sachverhalt oder ähnliche Geschehnisse in absehbarer Zeit behandeln werden. Schließlich bilden sie sich auch ein Urteil darüber, wie ihre direkte soziale Umgebung und die Masse der Bevölkerung auf das aktuelle Geschehen bzw. seine Darstellung reagieren werden: Welchen Eindruck haben sie gewonnen? Werden die Personen in ihrer direkten Umgebung oder die Masse derer, die man nicht kennt, das dargestellte Verhalten billigen oder missbilligen? Werden sie die Betroffenen verachten und sich von ihnen abwenden?

Die meisten Journalisten wissen, dass selbst einige wenige Medienberichte eine starke Wirkung auf die Betroffenen ausüben. Dies belegt eine repräsentative Befragung von Zeitungsredakteuren vom Winter 1998/99. Zwar glaubte nur eine Minderheit (34 %), dass „einzelne Beiträge ... einen nennenswerten Einfluss auf die Gesellschaft" besitzen. Zugleich meinten jedoch fast alle (96 %), dass „einzelne Beiträge einen erheblichen Einfluss auf Personen besitzen [können], über die

---

4 Der Begriff „reziproke Effekte" wurde 1953 von Kurt Lang und Gladys Engel Lang zur Kennzeichnung des Einflusses des Fernsehens auf das Verhalten derjenigen geprägt, die im Bild erscheinen. Er wird hier im umfassenden Sinn zur Kennzeichnung der positiven und negativen Effekte von Medienberichten auf die in ihnen Präsentierten verstanden.

sie berichten". Viele kennen diese Medienwirkungen aus ihrer eigenen Berufstätigkeit. Auf die Frage, ob sie „schon einmal erlebt [haben], dass einer ihrer Beiträge negative Folgen hatte, die nicht in ihrer Absicht lagen", berichtete fast jeder Zweite (45 %), er habe das selbst schon erlebt. Definitiv ausschließen wollte es nur jeder Vierte (23 %).

Man könnte vermuten, die meisten Journalisten wären der Ansicht, die Betroffenen seien an negativen Wirkungen solcher Berichte „selbst schuld". Dies trifft jedoch nicht zu. Nur jeder Dritte (32 %) teilte diese Meinung. Jeder Zweite (49 %) wies sie zurück. Worin bestehen die unbeabsichtigten negativen Folgen der Berichte für diejenigen, mit denen sie sich befassen? Die meisten Journalisten erwähnten auf eine entsprechende Frage spontan jene Folgen, die die meisten Skandalierten tatsächlich erleben: An erster Stelle rangierten wirtschaftliche bzw. berufliche Nachteile – finanzielle Einbrüche, Entlassung von Angestellten oder Abwahl von Politikern (28 %). An zweiter Stelle folgten psycho-soziale Effekte, wie etwa Rufschädigung, sozialer Druck oder persönliche Betroffenheit (17 %) (Kepplinger/Knirsch 2000).

Eine weitere Ursache der Erstarrung der Skandalierten und ihrer plötzlichen Flucht nach vorne ist die Masse der Medienberichte, die sie rezipieren. Niemand kann in einem großen Skandal alle Berichte wahrnehmen. Die Skandalierten müssen jedoch schon aus Eigeninteresse möglichst viele Beiträge verfolgen, um sich auf neue Fakten und Vorwürfe einstellen zu können. Folglich sind sie viel höheren Mediendosen ausgesetzt als jeder andere. Zudem nehmen sie aufgrund ihrer Betroffenheit die einzelnen Beiträge erheblich aufmerksamer wahr. Folglich werden sie von ihnen stärker beeinflusst. Schließlich betrachten sie viele Beiträge aufgrund ihrer besonderen Sachkenntnis und ihrer spezifischen Sichtweise als falsch und irreführend. Sie empfinden sie als eine Existenz gefährdende Bedrohung ihrer persönlichen Integrität, die Angst und Empörung hervorruft. Dies gilt auch für medienerfahrene Personen aus allen Bereichen des öffentlichen Lebens. „Eine Besprechung meines Buches, die dumm ist oder von Ablehnung – meiner Person oder meiner Romanfiguren – diktiert scheint, geht mir unter die Haut. [...] Die vornehme Verteidigung, meine Taktik, nicht weiter zu lesen, sobald ich merke, dass ich einem unbedachten oder böswilligen Rezensenten in die Hände gefallen bin, gelingt mir nur unvollkommen ... Gut möglich, dass ich mit dem Schreiben aufgehört hätte, wären meine Romane nicht viel häufiger gelobt als verrissen worden" – so der Anwalt und Romancier Louis Begley. „Die meisten Vorwürfe gegen mich sind so massiv geworden, dass ich nicht mehr unbelastet vor eine Kamera gehen kann" – so Joachim Fuchsberger als Begründung für seinen Ausstieg als Moderator aus der Quiz-Sendung „Auf los geht's los". „Die Gewalt, der das Objekt einer Medienkampagne ausgesetzt ist, kann sich kein Journalist ausmalen" – so die Bundestagsabgeordnete Antje Vollmer (Kepplinger 1999).

Die Ursachen der Empfindungen und Reaktionen von Personen, die öffentlich angegriffen werden, sind in der Persönlichkeit tief verankert und lassen sich auf die Notwendigkeit zurückführen, die Bindung zu anderen Menschen aufrechtzuerhalten. Sie hat ihren Ursprung in der menschlichen Entwicklungsgeschichte, und sie wird von jedem Einzelnen im Laufe seiner eigenen Entwicklung intensiv erlebt und entsprechend verinnerlicht. Um die Bindung an andere Menschen aufrecht erhalten zu können, sind vier Voraussetzungen erforderlich: Man muss erstens die äußere Welt im Zusammenwirken mit den eigenen Bezugspersonen – vor allem Kollegen, Freunden und Verwandten – sinnvoll interpretieren können. Man muss zweitens darauf vertrauen können, dass diese Personen das eigene Verhalten wohlwollend beurteilen und ernsthafte Anstrengungen entsprechend honorieren. Man muss drittens glauben können, dass man im Kern gut ist, und man muss viertens davon überzeugt sein, dass man kompetent und leistungsfähig ist, weil man nur so die anderen davon überzeugen kann, dass es sich für sie lohnt, die Bindung aufrechtzuerhalten (Fiske/Taylor 1991; Fiske/Morling/Stevens 1996).

Die Skandalierung eines Menschen erschüttert die Grundlagen dieser Selbstgewissheiten: Sie suggeriert ihm, dass er kein guter Mensch ist. Sie zerstört seinen Glauben, dass die Welt alles in allem gerecht und wohlwollend ist. Sie weckt Zweifel, ob er das Verhalten anderer noch sinnvoll abschätzen kann. Und sie macht ihn durch die Fixierung auf die Angriffe durch die Medien zunehmend handlungsunfähig. Seine eigentliche Aufgabe kann er dadurch immer weniger erfüllen. Zudem vermittelt die Skandalierung dem Skandalierten den Eindruck, dass er jede Kontrolle darüber verloren hat, wie andere ihn sehen. Dieser Eindruck wird nun massiv von anderen geprägt, ohne dass er dagegen etwas unternehmen kann. Der Kontrollverlust weckt ungewöhnlich starke Ängste, die kaum zu beherrschen sind, weil es sich um automatische Reaktionen auf Angriffe handelt, die die soziale Existenz bedrohen.

Neben diesen Ängsten treten Folgen ein, die von Fall zu Fall verschieden sind. Susan T. Fiske und ihre Mitarbeiter haben dies in mehreren Experimenten nachgewiesen. Dabei geht es zum einen um die Fähigkeit, Probleme zu lösen, zum anderen um die Möglichkeit, das Selbstwertgefühl aufrechtzuerhalten. Geht es um *Problemlösungsfähigkeit*, verfolgen Versuchspersonen, deren Erfolgschancen von anderen abhängen, negative Informationen über ihre Person mit mehr Aufmerksamkeit als Versuchspersonen, deren Erfolg nicht davon abhängt. Dies trifft analog auch auf Politiker und Unternehmer zu, die mit wachem Blick kritische Berichte über ihre Person und Organisation verfolgen. Sind die Versuchspersonen sogar einseitig von anderen abhängig, verfolgen sie die kritischen Hinweise besonders aufmerksam und hypergenau, damit sie die in sie gesetzten Erwartungen erfüllen können. Dies gilt vor allem für Akteure auf den mittleren und unteren Ebenen von Hierarchien, die sich ihren Mentoren in einem günstigen Licht zeigen wollen.

Geht es um die Aufrechterhaltung des *Selbstwertgefühls*, dann verfolgen vor allem Personen, deren Selbstwertgefühl von den Urteilen anderer abhängt, negative Berichte über ihre Person, um die darin enthaltenen Informationen zu diskreditieren. Dabei versteigen sie sich häufig in ein Wunschdenken über die Urheber der Urteile. Stammen die negativen Urteile von Personen, die einer anderen Gruppe angehören, rufen sie Angstgefühle hervor. Die Angstgefühle sind vor allem dann stark, wenn die Gruppe der Kritiker groß, homogen und entsprechend mächtig ist. Dies ist typisch für Skandale, wenn alle Medien in die Kritik einstimmen. Von großen Gruppen homogener und mächtiger Kritiker erwarten die Versuchspersonen in den Experimenten nur das Schlimmste. Genauso reagieren die

Skandalierten – sie sind in panischer Angst und trauen ihren Gegnern alles zu.

Bei Skandalen folgen die beiden Herausforderungen – Wahrung des Selbstwertgefühls und der Problemlösungsfähigkeit – aufeinander. Zunächst betrachten die Skandalierten die Kritik an ihrem Verhalten als Angriffe auf ihr Selbstwertgefühl, die sie – vor allem, wenn sie öffentliche Kritik gewohnt sind – nicht sonderlich ernst nehmen. Sie lesen alles, was sie finden, beachten es aber möglichst wenig, leugnen auch zutreffende Tatsachenbehauptungen und berechtigte Folgerungen oder werten sie als unsachlich und unfair ab. Weil die Skandalierten die Sachverhalte meist besser kennen als ihre Kritiker, die Angriffe häufig auch falsche Behauptungen enthalten, und weil sie fast immer mit herabsetzenden Wertungen verbunden sind, gelingt ihnen dies zunächst durchaus überzeugend. Folglich wiegen sich die Skandalierten – ungeachtet ihrer unabweisbaren Ängste – in einer trügerischen Sicherheit, die von außen betrachtet als überlegener Trotz erscheint: Die Skandalierten kann scheinbar nichts erschüttern – noch widerstehen sie jedem Angriff.

Je länger die Angriffe dauern und je größer, geschlossener und mächtiger die Angreifer werden, desto mehr Aufmerksamkeit müssen ihnen die Skandalierten widmen. Dadurch blockieren die Angriffe zunehmend ihre normale Leistungsfähigkeit: Sie können immer weniger ihre Aufgaben erfüllen und empfinden die Skandalierung zunehmend als ernsten Angriff auf ihre Tätigkeit. Deshalb verfolgen sie die Angriffe immer intensiver und nehmen, um sie widerlegen zu können, auch Vorwürfe ernst, die sie zuvor als unsinnig abqualifiziert haben. Dies erfordert Zeit und Energie, verringert die normale Leistungsfähigkeit immer mehr und mündet in die Gewissheit der Betroffenen, dass sie praktisch nicht mehr handlungsfähig sind. Zudem wird, während sie ihre Aufgaben immer weniger wahrnehmen können, ihr Ansehen in der Öffentlichkeit immer mehr ruiniert. Auf diesem Weg ist nichts zu gewinnen. Nachdem die Skandalierten die Kontrolle über sich selbst verloren und jeden Einfluss auf ihr Erscheinungsbild eingebüßt haben, schlägt der unbeirrte Trotz, der zuletzt nur noch Fassade war, in panikartige Unterwerfung um. In einem „Befreiungsschlag" machen sie nun genau das, was die Wortführer der Kritiker von ihnen verlangen und was sie bis dahin abgelehnt haben.

Das, wovon sich die Skandalierten befreien wollen, ist nicht die Last der anstehenden Sachprobleme – die Entsorgung der Brent Spar oder der Schutz der Anwohner in Höchst – sondern der unerträgliche Druck der öffentlichen Angriffe. Schon die Vorankündigung eines negativen *Spiegel*-Berichtes löst nach Aussage des langjährigen SPD-Vorsitzenden Hans-Jochen Vogel einen „gewissen Druck" aus, weil man gezwungen sei, alles zu lesen, was zum Thema gehört. Wegen dieses Drucks ist nach Vogel der Erfolg im Skandal vor allem eine „Frage der Kraft und der Nervenstärke". Man brauche „eine beachtliche psychische und physische Konstitution, um so eine Kampagne so lange durchstehen zu können, bis die andere Seite sich erschöpft hat" (Kepplinger 1993a). Diesem Druck sind viele Skandalierte nicht gewachsen. Um ihn los zu werden, sind sie bereit, alles zu tun, notfalls auch das, was sie für falsch halten und was sich später auch als falsch erweist. In dieser Situation erscheint manchen Politikern, die sich nach eigener Einschätzung nichts Gravierendes vorzuwerfen haben, der Rücktritt als Erlösung.

Der Skandal verlangt von den Skandalierten die Einsicht in eine paradoxe Situation: Sie müssen – obwohl sie unter höchstem Zeitdruck stehen – vor allem Zeit gewinnen. Jan Philipp Reemtsma, dessen „Wehrmachtsausstellung" zwar nicht zum Skandal wurde, aber immerhin einen massiven publizistischen Konflikt auslöste, hat diese Situation und die daraus resultierenden Verhaltensweisen erlebt und in einem Interview beschrieben. Auf die Frage, weshalb er gegen einen seiner Kritiker, den polnischen Historiker Bogdan Musial, einen Prozess geführt habe, erklärte er, durch die Angriffe sei „so etwas wie eine Wagenburgmentalität entstanden, von der aus dann irgendwann alle Kritiker" angefangen hätten „einander ähnlich zu sehen. Es wäre damals richtig gewesen, Ruhe zu bewahren, nicht so empfindlich zu reagieren" (*FAZ* 6.11.1999). Genau dazu sind viele Skandalierte aber nicht in der Lage.

Hätte die Hoechst AG nach dem ortho-Nitroanisol-Unfall im Februar 1993 ihre erste Pressekonferenz nicht bereits in der Morgendämmerung einberufen, wäre die Sachdarstellung des Unternehmens nicht durch neu auftauchende Fakten widerlegt und seine Glaubwürdigkeit nicht erschüttert worden. Hätte die Shell AG ihren Kritikern rechtzeitig ein Moratorium von einem halben Jahr angeboten und alle interessierten Journalisten auf Kosten des Unternehmes auf die Brent Spar gebracht, damit sie sich dort ein eigenes Urteil hätten bilden können, wäre der Protest spätestens dann zusammengebrochen, wenn die Journalisten vor Ort entdeckt hätten, dass Greenpeace falsche Angaben über die Schadstoffbelastung der Brent Spar verbreitet hatte. Hätte die CDU-Führung nach einem generellen Bekenntnis zur Offenlegung der Spenden jede weitere Stellungnahme zu Kohls Verhalten verweigert, hätten sie nicht zur Etablierung einer für die CDU schädlichen Sichtweise sowie zur Dramatisierung des Geschehens beigetragen. Die Begründung für eine solche Zurückhaltung hatte sie selbst geschaffen – die Zuständigkeit des Untersuchungsausschusses des Bundestages – sie dann aber in ihrer panikartigen Flucht vor den Vorwürfen gegen die eigene Vergangenheit nicht genutzt. Hätte der Waffenexperte und Waffeninspekteur Kelly die Nerven gehabt, um die Attacken der Regierung und der regierungsfreundlichen Medien auszuhalten, wäre er ein Jahr nach diesen Angriffen und nach der öffentlichen Demontage der angeblichen Gründe für den Angriff auf den Irak als hellsichtiger Held gefeiert worden. Er hatte sie jedoch genauso wenig wie die Verantwortlichen der CDU, der Hoechst AG und der Shell AG ausgehalten.

11 Gewinner und Verlierer

Anfang der fünfziger Jahre gab es in der alten Bundesrepublik pro Jahr etwa zwei bis drei politische Skandale mit bundesweiter Beachtung. Dies blieb so bis Mitte der siebziger Jahre als die Zahl dieser Skandale zunächst langsam und dann schneller zunahm und bis 1993 auf etwa zehn pro Jahr stieg. Seither hat die Zahl der Skandale auf schätzungsweise 20 bis 25 pro Jahr erheblich zugenommen (Kepplinger/Ehmig 2005). Diese Entwicklung besitzt zahlreiche Gründe – vor allem die Veränderung des journalistischen Selbstverständnisses seit den siebziger Jahren und die wachsende Konkurrenz zwischen der Presse und dem Fernsehen sowie zwischen einzelnen Presseorganen seit den achtziger Jahren. Auch die Zahl der Umweltskandale nahm seit den siebziger und achtziger Jahren erheblich zu. Für diesen Bereich kann man ausschließen, dass die wachsende Zahl der Skandale eine Folge der Vergrößerung der Missstände war: Die Zahl der Umweltskandale nahm in dem Maße zu, in dem die schwersten Umweltschäden abnahmen. Dies betrifft u.a. die Belastung der Gewässer und der Luft und gilt in ähnlicher Weise – trotz Tschernobyl – für die radioaktiven Niederschläge und die kerntechnisch relevanten Störfälle in Kernkraftwerken (Kepplinger 1989b).

Thomas Geiger und Alexander Steinbach (1996) haben den Einfluss der Skandalierung auf den Karriereverlauf von 108 politischen Skandalen mit bundesweiter Beachtung recherchiert. Ihre Studie umfasst den Zeitraum von 1949 bis 1993 und bietet eine gute Grundlage für eine quantitative Analyse der Chancen, einen politischen Skandal im Amt zu überstehen. Von den 108 skandalierten Politikern verloren 51 durch den Skandal ihr Amt. Von diesen 51 schieden 28 aus der Politik aus. Nur sieben nahmen irgendwann wieder ein politisches Amt ein, das im Rang ihrer ursprünglichen Tätigkeit entsprach. Die tatsächliche Schwere der Verfehlungen lässt sich über einen Zeitraum von mehr als 50 Jahren nicht mehr in allen

Fällen eindeutig ermitteln. Dagegen kann man relativ gut feststellen, ob die Medien das Verhalten der Politiker als leichte oder schwere Verfehlung charakterisierten. Von den Politikern, denen schwere Verfehlungen vorgeworfen wurden, verloren zwei Drittel (66 %) ihr Amt. Von jenen, denen leichtere Verfehlungen angekreidet wurden, war es ein Drittel (32 %). Zwischen der Schwere der Verfehlungen, die den Politikern in den Medien vorgeworfen wurden, und ihren Chancen, einen Skandal im Amt zu überstehen, besteht demnach ein deutlicher Zusammenhang. Eine ganz andere Frage ist, ob das Ausmaß der Vorwürfe immer dem Ausmaß der Fehler und Verfehlungen entsprach. Dies erscheint aufgrund zahlreicher Gegenbeispiele auch aus jüngerer Zeit (Jenninger, Pfarr, Seiters, Härtel, Welteke, Özdemir, Gysi) unwahrscheinlich.

Einen maßgeblichen Einfluss auf die Chancen der Skandalierten, den Skandal im Amt zu überstehen, besitzt ihre Verteidigungsstrategie. Dabei kann man drei generelle Typen unterscheiden – Schuldbekenntnisse, Selbstrechtfertigungen und Dementis. Die meisten der von 1949 bis 1993 skandalierten Politiker, deren Reaktionen ermittelt werden konnten, rechtfertigten ihr Verhalten (46 %). Deutlich weniger dementierten die Vorwürfe (28 %) oder bekannten sich zu ihnen (24 %). Diese Reaktionen besaßen einen bemerkenswerten Einfluss auf den Ausgang des Skandals. Am erfolgreichsten waren Politiker, die ihr Verhalten rechtfertigten, indem sie besondere Umstände hervorhoben, alternative Erklärungen dafür anboten oder auf übergeordnete Ziele verwiesen. Von den Politikern, die so reagierten, behielten zwei Drittel (66 %) ihr Amt. Ein Beispiel für die Erfolgschancen dieser Strategie ist Manfred Stolpe, der – kaum drohte ein neuer Vorwurf – schon eine Interpretation anbot, die ihn meist als Opfer der Umstände erscheinen ließ. Er präsentierte sich glaubhaft als selbstloser Anwalt von ausreisewilligen DDR-Bürgern, lieferte akzeptable Erklärungen für eine hohe Auszeichnung durch die DDR und benannte im Zweifelsfall einen Zeugen, der nicht mehr aussagen konnte, weil er tot war.

Politiker, die von 1949 bis 1993 skandaliert worden waren und die Vorwürfe dementiert hatten, waren weniger erfolgreich als jene, die für ihre Verhaltensweisen alternative Erklärungen anboten. Von ihnen behielt – statt zwei Drittel – nur knapp die Hälfte ihr Amt (44 %). Hierfür gibt es vor allem zwei Gründe. Zum einen sind reine Dementis ohne ergänzende Interpretationen des eigenen Verhaltens auch dann oft unglaubwürdig, wenn sie richtig sind. Zum anderen besteht die Gefahr, dass neue Erkenntnisse ein Dementi – zu Recht oder zu Unrecht – widerlegen. Ein Beispiel hierfür sind die Dementis des damaligen Ministerpräsidenten von Baden-Württemberg, Hans Filbinger, zu seiner Rolle als Marinerichter im Dritten Reich. Die Tatsache, dass er in den meisten Fällen Recht hatte, änderte nichts daran, dass ihn eine falsche Erinnerung völlig unglaubwürdig machte. Ein Beispiel aus dem Bereich der Umweltskandale ist die Erklärung der Höchst AG, ortho-Nitroanisol sei „mindergiftig". Als kurz danach der bis heute nicht erhärtete Verdacht aufkam, ortho-Nitroanisol sei Krebs erregend, hatte das Unternehmen in der Öffentlichkeit jeden Kredit verspielt.

Den geringsten Erfolg hatten Politiker, die sich sofort oder später zu den Vorwürfen bekannten. Von ihnen behielt nur ein Drittel (34 %) ihr Amt. Der Amtsverlust von Politikern, die sich zu den Vorwürfen bekannten, erscheint sachlich folgerichtig. Das trifft jedoch nur dann zu, wenn man annimmt, dass die Vorwürfe voll und ganz der Wahrheit entsprechen. Diese Annahme ist jedoch zuweilen falsch, wie die Rücktritte von Innenminister Seiters als Folge der Skandalierung des Einsatzes der GSG 9 in Bad Kleinen und von Bundestagspräsident Jenninger als Folge seiner missglückten Gedenktagsrede belegen. Schuldbekenntnisse werden im Skandal zwar heftig gefordert, jedoch meist nicht honoriert. Ein Beispiel für das Scheitern dieser Strategie ist auch das Eingeständnis von Michel Friedman, dass er Kokain genommen hatte. Ihn retteten, so weit man von Rettung sprechen kann, ganz andere Aktivitäten. Ein weiteres Beispiel ist das Eingeständnis der Bayer AG, dass Lipobay tödliche Nebenwirkungen haben kann. Dieses Eingeständnis wäre vermutlich auch dann ein Fehlschlag gewesen, wenn das Unternehmen erst die Medien und nicht – wie geschehen – die Anleger informiert hätte.

Die statistischen Zusammenhänge zwischen der Strategie der Skandalierten und dem Verlauf der Skandale muss man mit Vorsicht betrachten, weil man vermuten kann, dass die Vorwürfe gegen die

Politiker, die sich zu ihnen bekannten, substanzieller waren als die Vorwürfe gegen jene, die sich rechtfertigten. Der Amtsverlust wäre im ersten Fall zwingender als im zweiten. Zudem dürfte die Sachlage häufig eine bestimmte Verteidigungsstrategie nahe legen. Von einer freien Wahl der Reaktionsweisen kann dann keine Rede sein. Dennoch deuten die unterschiedlichen Erfolgsquoten der Strategien darauf hin, dass sich sofortige oder spätere Bekenntnisse nicht auszahlen. Wer die freie Wahl hat und hofft, durch Bekenntnisse zu gewinnen, hat vermutlich schon verloren. Wer sich rechtfertigt und erwarten kann, dass seine Rechtfertigung den Medien glaubhaft erscheint, hat dagegen eine realistische Chance. Der entscheidende Grund dafür liegt erneut in der Natur des Skandals: Wer seine Schuld bekennt, bestätigt die Sichtweise der Skandalierer, wer sich rechtfertigt, stellt sie in Frage. Je besser dies gelingt, desto besser sind die Chancen der Skandalierten.

Einen erheblichen Einfluss auf den Verlauf politischer Skandale besitzt das Verhalten der Parteifreunde, bzw. das Ausmaß der innerparteilichen Konflikte. Ist die parteiinterne Kritik groß, sind die Chancen der Skandalierten gering. Ist die parteiinterne Kritik gering, sind die Aussichten gut: Von den Politikern, deren Verhalten wenig parteiinterne Kritik hervorrief, behielten nahezu zwei Drittel ihr Amt (63 %). Von den Politikern, deren Verhalten aus dem eigenen Lager stark kritisiert wurde, war es dagegen nur ein Fünftel (22 %). Zwar wird man einschränkend feststellen müssen, dass sowohl die Bereitschaft zur Kritik als auch die Wahrscheinlichkeit des Amtverlustes von der Art des skandalierten Fehlverhaltens abhängen. Deshalb besteht zwischen beiden Aspekten notwendigerweise ein Zusammenhang. Daneben spielen jedoch auch die Geschlossenheit einer Partei sowie die Eigeninteressen ihrer Mitglieder eine wesentliche Rolle. Ein Beispiel hierfür ist der zunächst mehrfach gescheiterte und dann erfolgreiche Versuch zur Skandalierung der Parteifinanzen der CDU. „Entscheidend" für den späteren Erfolg, so Georg Mascolo vom *Spiegel*, war „der Umstand, dass jetzt die CDU-Spitze bereit war, das Theaterstück ‚Helden und Schurken' aufzuführen und auch das Ritual des Abschieds von ihrem Paten öffentlich zu zelebrieren" (*message* 2/2000).

Einen großen Einfluss auf den Verlauf von Skandalen besitzt schließlich die Qualifikation der skandalierten Organisationen. Die angegriffenen Parteien, Unternehmen oder Verbände sind zuweilen über ihre eigene Tätigkeit unzureichend informiert. Sie schätzen die Angriffe auf ihre Verhaltensweisen oft falsch ein, und es fehlt ihnen meist an der notwendigen Gelassenheit für situationsgerechte Entscheidungen. Ein Beispiel hierfür liefert der Informationsfluss bei der Hoechst AG während des Störfalls am 22. Februar 1993. Die Forschungsabteilung der Hoechst AG hatte zwar bereits am 8. Februar das „Beratergremium für Umweltrelevante Altstoffe" (BUA) über eine Studie informiert, wonach ortho-Nitroanisol Krebs erregend sein könnte, nicht jedoch die „Zentralabteilung Öffentlichkeitsarbeit" des eigenen Unternehmens. Deshalb konnten die Vertreter der Hoechst AG die anwesenden Journalisten zunächst nicht über den Verdacht einer Krebs erregenden Wirkung informieren. Stattdessen erfuhr die Öffentlichkeit die Neuigkeit auf dem Umweg über einen Mitarbeiter des Bundesumweltministeriums. Dieser hatte am 18./19. Februar an einer Sitzung des BUA teilgenommen und war von Chemikern der Hoechst AG darüber informiert worden. Folglich war die Glaubwürdigkeit des Unternehmens untergraben, obwohl keine Vertuschungsabsicht vorlag (Kepplinger/Hartung 1995).

Auch bei der geplanten Versenkung der Brent Spar gab es in der Shell AG schwer wiegende Kommunikationsmängel. Hinzu kam eine falsche Analyse der Problemlage. Shell U.K., die für die Entsorgung der Brent Spar zuständig war, hatte über 30 Studien und Gutachten über die Vor- und Nachteile verschiedener Verfahren eingeholt und auf ihrer Grundlage die Genehmigung für die Versenkung erhalten. Im Februar 1995 übergab Shell auf Anfrage die Unterlagen für das Entsorgungskonzept an Greenpeace. Die Umweltorganisation war damit gut ausgestattet. Eine deutsche Übersetzung der technisch komplizierten Gutachten lag aber zunächst nicht vor. Die Deutsche Shell verfügte folglich nicht über zitierfähige Unterlagen. Greenpeace startete seine Kampagne gegen die Versenkung aber nicht in Großbritannien, das die Genehmigung erteilt hatte, sondern in Deutschland, wo sich die Umweltorganisation mehr Resonanz versprach. Diesen Aktivitäten konnte die Deutsche Shell zunächst schon deshalb wenig entgegensetzen, weil die erforderlichen Informationen in deutscher Sprache nicht verfügbar waren.

In vielen Fällen erweisen sich die zentralen Vorwürfe gegen die Skandalierten als falsch, überzogen oder ehrverletzend. Das wirft die Frage auf, ob das Presserecht den Skandalierten hilft, zumal es theoretisch eine ganze Palette von Möglichkeiten bietet – von der Gegendarstellung über die Unterlassung bis zum Widerruf und Schadenersatz. Die theoretischen Möglichkeiten sind jedoch nach Ansicht der meisten Betroffenen praktisch nutzlos. Dies zeigt sich bereits bei „einfachen" Verletzungen des Persönlichkeitsrechtes, ganz zu schweigen von den massiven Angriffen in einem Skandal. Von den Führungskräften aus Politik, Wirtschaft und Verwaltung hatte 1993, wie das Instituts für Demoskopie Allensbach feststellte, jeder Fünfte (20 %) „selbst schon einmal die Erfahrung gemacht, dass Journalisten zu weit gingen bei Berichten über ihr Privatleben". Besonders verbreitet war diese Erfahrung unter Politikern (34 %), deutlich seltener unter Führungskräften aus der Wirtschaft (16 %) und Verwaltung (17 %). Nahezu zwei Drittel (61 %) hielt es für klüger, bei der Verletzung von Persönlichkeitsrechten die Sache auf sich beruhen zu lassen. Nur ein knappes Fünftel (19 %) fand es richtig, sich in einem solchen Fall gegen die Medien zur Wehr zu setzen. Führungskräfte aus der Wirtschaft (64 %) und Verwaltung (61 %) rieten noch häufiger zur Passivität als bekannte Politiker (52 %). Dies dürfte darauf zurückzuführen sein, dass die Karrieren von Politikern stärker von ihrem Erscheinungsbild in der Öffentlichkeit abhängen, während Erfolge in den anderen Bereichen mehr auf der Akzeptanz im Kollegenkreis beruhen. Sie wird durch weitere öffentliche Aufmerksamkeit eher gefährdet als gefördert (Kepplinger 1999).

Nicht jeder Betroffene wird dem Rat seiner Kollegen folgen und sich nicht gegen Berichte wehren, die seiner Ansicht nach zu weit gegangen sind. Dies belegen die Aussagen von 237 Pressesprechern großer Verbände und Unternehmen sowie von 184 Abgeordneten aller im Bundestag vertretenen Parteien. Auf die Frage „Kennen Sie Personen, die nach falschen und ehrverletzenden Berichten auf presserechtliche Maßnahmen verzichtet haben, obwohl die rechtlichen Voraussetzungen nach Ihrer Kenntnis gut dafür waren?"

erklärten 1997 mehr als zwei Drittel der Bundestagsabgeordneten (70 %) und nahezu die Hälfte der Pressesprecher (44 %), sie würden mindestens eine Person kennen, die sich so entschieden hat. Über die Hälfte der Parlamentarier (60 %) kannte sogar mehrere solcher Personen. Im Bereich des Persönlichkeitsschutzes ist die Dunkelziffer folglich sehr groß. Warum verhalten sich die meisten Politiker und andere Personen des öffentlichen Lebens so? Die spontanen Antworten auf die offene Frage, was die „Gründe für den Verzicht auf presserechtliche Maßnahmen wie beispielsweise den Anspruch auf Gegendarstellung, Unterlassung oder Widerruf" waren, geben ein klar umrissenes Bild: Die Parlamentarier und die Pressesprecher nannten am häufigsten die Angst vor weiterer Publizität (37 % bzw. 39 %). Daneben spielte das unangemessene Verhältnis von Aufwand und Ertrag (30 % bzw. 35 %) sowie die geringe Wirkung von Gegendarstellungen (27 % bzw. 22 %) eine wichtige Rolle. Ein Großteil derer, die das Recht im Skandal auf ihrer Seite sehen, verzichtet aufgrund eines intensiven Ohnmachtgefühls gegenüber den Medien darauf, ihr Recht wahrzunehmen. Die Betroffenen gewinnen nach ihrer eigenen Überzeugung im Augenblick kaum etwas und riskieren für die Zukunft viel. Vom Recht erhoffen sie weniger als sie von den Medien befürchten (Kepplinger 1999).

Ein Beispiel für die geringen Aussichten und großen Risiken von presserechtlichen Maßnahmen ist die Klage des SPD-Generalsekretärs Franz Müntefering in seiner Eigenschaft als Abgeordneter gegen *Bild* in der Bonus-Meilen-Affäre – die private Nutzung von dienstlich erworbenen Vergünstigungen. Nachdem *Bild* im Sommer 2002 in mehreren Beiträgen Abgeordnete der Regierungskoalition beschuldigt hatte, erstattete Müntefering am 2. August 2002 gegen *Bild* Strafanzeige wegen der illegalen Beschaffung und Veröffentlichung von privaten Daten. Am 5. August veröffentlichte *Bild* in großer Aufmachung „empörte" Stellungnahmen von fünf „führenden Chefredakteuren", die die Klage von Müntefering mehr oder weniger deutlich als Angriff auf die Pressefreiheit charakterisierten. Am 6. August meldete *Bild* groß auf Seite 1: „Druck auf SPD-General wächst", brachte auf Seite 2 unter der Überschrift „Münteferings Anzeige ist ein Anschlag auf die Pressefreiheit" negative Pressestimmen und berichtete, Außenminister Joschka Fischer sei auf Distanz zu Müntefering gegangen. Einige Tage später folgte ihm Bundestagspräsident Wolfgang Thierse. Damit war Müntefering weitgehend isoliert. Am 7. August veröffentlichte *Bild* ein Faksimile der Klage von Müntefering und brachte unter der Überschrift „Jetzt ist Schröder gefordert" weitere negative Pressestimmen. Damit drohte sich der Skandal auf den Kanzler auszuweiten. Vier Tage darauf zog Müntefering erheblich beschädigt seine Klage zurück und *Bild* veröffentlichte teils lobende und teils nachsichtige Stellungnahmen von sechs Chefredakteuren (12.8.2002).

12 Skandale und publizistische Konflikte

Am 4. Januar 2001 veröffentlichten *Stern, Bild* und *Welt* Fotografien von Joschka Fischer, die ihn am 7. April 1973 bei einer gewalttätigen Demonstration in Frankfurt zeigen. Einige der Aufnahmen hatte die *Frankfurter Allgemeine Zeitung* bereits zwei Tage nach der Demonstration veröffentlicht. Wenige Wochen später druckte die *Wirtschaftswoche* die Bilder nach, später wurden sie in eine umfangreiche Dokumentation der Stadt Frankfurt (1973) aufgenommen. Allerdings blieb Fischer unerkannt. Erst als Bettina Röhl, eine Tochter Ulrike Meinhofs, bei Recherchen für ein Buch auf die Fotos stieß, erkannte sie Fischer und konnte nach mehreren erfolglosen Versuchen die Bilder in den genannten Medien platzieren. Auf einem der Bilder ist Fischer zu sehen wie er – von mehreren Demonstranten umringt und durch einen Motorradhelm geschützt – auf einen Beamten einschlägt. Zusätzliche Brisanz erhielten die Publikationen durch den Prozess gegen Hans-Joachim Klein, der seit Herbst 2000 in Frankfurt wegen Mordes beim Terroranschlag gegen die OPEC-Tagung 1975 in Wien angeklagt war. Klein war in den siebziger Jahren ein Weggefährte Fischers und hatte 1973 im Auto Fischers Waffen transportiert, darunter die Pistole, mit der 1981 der hessische Wirtschaftsminister, Heinz Herbert Karry, ermordet wurde (Hartung 2004).

Der *Stern* kündigte seinen Bericht vom 4. Januar auf dem Titelblatt mit dem Bekenntnis an: „Joschka Fischer über seine Zeit als Sponti in Frankfurt: ‚Ja, ich war militant'". Im Blatt schilderte Fischer ausführlich seine Sichtweise der Vorgänge, wobei er sich als Urheber und Opfer von Gewalt bei Demonstrationen präsentierte. In einem Kasten stellte das Blatt die als besonders gewalttätig geltende „Putzgruppe" vor, der auch Fischer angehört hatte. Die *Welt* zitierte Jutta Ditfurth, die Fischer vorwarf, noch in den neunziger Jahren bei innerparteilichen Auseinandersetzungen der Grünen mit Gewalt kokettiert zu haben, sowie mehrere CDU/CSU-Politiker, die sich empört über Fischer äußerten. Ein Kommentar der *Welt* lobte Fischers Offenheit und charakterisierte seinen Wandel vom Revolutionär zum staatstragenden Politiker als exemplarisch für seine Generation. Am 8. Januar brachte der *Spiegel* eine Titelgeschichte über die militante Vergangenheit Fischers. Grundlage waren intensive Recherchen in der Frankfurter „Szene". Dabei ging es auch um Fischers Beteiligung bei einer gewaltsamen Demonstration anlässlich des Selbstmordes von Ulrike Meinhof 1976, bei der der Polizist Jürgen Weber durch einen Brandsatz schwerste Verbrennungen erlitten hatte.

Die *Frankfurter Allgemeine Zeitung* veröffentlichte am 4., 5. und 6. Januar mehrere Kommentare und Glossen von Thomas Schmid, einem früheren Weggefährten Fischers, die auf die Vorwürfe gegen Fischer nur am Rande eingingen und – wie zuvor die *Welt* –Fischers Werdegang als generationstypisch charakterisierten. Die *Süddeutsche Zeitung* äußerte in zwei Beiträgen am 5. und 8. Januar Verständnis für die gewaltsamen Demonstrationen der siebziger Jahre. Am 11. Januar brachte *Panorama* einen Beitrag, in dem eine Zeugin Fischer beschuldigte, er sei für den Einsatz von Molotow-Cocktails eingetreten. In der Anmoderation wurde Fischer jedoch ausdrücklich zum Verbleib im Amt aufgefordert. Am gleichen Tag hieß es in *Bild*: „Verbrannter Polizist klagt Joschka Fischer an." Vergleichbar schwere Vorwürfe gegen Fischer folgten am 15., 19. und 24. Januar. Damit standen sich wenige Tage nach den ersten Veröffentlichungen zwei publizistische Lager gegenüber – Medien, die das Verhalten Fischers mehr der weniger eindeutig anprangerten, und Medien, die es mehr oder weniger eindeutig entschuldigten. Zum ersten gehörten u. a. *Bild* und *Focus*, zum zweiten u. a. die *Süddeutsche Zeitung* und die *Frankfurter Rundschau*. Die erkennbaren Folgen sind bekannt: Fischer blieb Außenminister und wurde in den folgenden Monaten und Jahren der beliebteste Politiker Deutschlands. Ganz anders verlief die Skandalierung von Margret Härtel.

Am 28. November 2002 berichtete die *Frankfurter Rundschau*, die Oberbürgermeisterin von Hanau, Margret Härtel (CDU), habe zunächst geleugnet, dass sie in ihrem Dienstwagen eine private Reise nach Warschau unternommen hatte, um eine Schönheitsoperation vorzubereiten. Am Tag darauf habe sie aber in einer eilends einberufenen Pressekonferenz zugegeben, dass sie die „Unwahrheit" gesagt habe. Sie habe „falsch gehandelt, als sie Dienst und Privatleben nicht klar getrennt habe", wolle aber einen möglichen Schaden beheben. Im gleichen Artikel hieß es, das Haushaltsdefizit der Stadt sei inzwischen auf mindestens 500.000 Euro gestiegen. In den folgenden Tagen und Monaten häuften sich die Vorwürfe gegen Härtel. Danach hatte sie die Kosten für ein Hochzeitspräsent im Wert von 424 Euro, die Rechnung über ein Familienessen in Höhe von 650 Euro sowie die Ausgaben für ein privates Geschenk zum 50. Geburtstag des hessischen Innenministers, Volker Bouffier, in Höhe von 388 Euro über die Stadtkasse abgerechnet. Zudem hieß es, sie habe aus Anlass einer Geburtstagsfeier für den Senior-Chef einer PR-Agentur die Zufahrt zu Schloss Philippsruhe asphaltieren lassen, damit die Ehrengäste vorfahren konnten. Da die Zufahrt eigentlich gepflastert werden sollte, musste der Asphalt einige Tage später wieder entfernt werden, was 1.100 Euro kostete. Gemeinsam waren diesen und ähnlichen Vorgängen der Vorwurf einer unzulässigen Vermischung von Amt und Privatleben. Überlagert wurde er vom Vorwurf der unsachgemäßen Amtsführung, wodurch erhebliche finanzielle Belastungen für die Stadt entstanden seien. So warf der Bürgermeister und Stadtkämmerer, Claus Kaminsky (SPD), Härtel vor, sie habe am Magistrat vorbei einen Auftrag für die Aktion „Hanau putzmunter" in Höhe von 65.000 Euro vergeben.

Nachdem die zuletzt genannten Vorwürfe bekannt geworden waren, beantragte Härtel Anfang Januar 2003 ein Disziplinarverfahren gegen sich selbst. Die Staatsanwaltschaft nahm ein Ermittlungsverfahren wegen des Verdachts des Betrugs und der Untreue gegen sie auf, das in ein Strafverfahren mündete. Nachdem Härtel trotz massiver Forderungen einen Rücktritt abgelehnt hatte, beschloss der Hanauer Magistrat einstimmig, die Suspendierung von Härtel zu fordern. „Das Vertrauen", so Bürgermeister Kaminsky auch im Namen seiner beiden hauptamtlichen Kollegen von der CDU und SPD, „ist unwiederbringlich zerstört" (*FAZ* 6.1.2003). Am 10. Februar 2003 stimmten 55 von 56 Abgeordneten für ein Verfahren zur Abwahl der Oberbürgermeisterin. Am 11. Mai waren die Bürger zur

Abstimmung aufgerufen. Drei Jahre zuvor war Härtel mit 50,8 Prozent der Stimmen wieder gewählt worden. Nun entschied sich die Mehrheit gegen sie. Neuer Oberbürgermeister wurde Claus Kaminsky.

Im September 2003 wurde vor der 1. Großen Strafkammer des Landgerichts Hanau ein Strafverfahren gegen Härtel wegen des Verdachts der Untreue eröffnet, jedoch sofort ausgesetzt, weil ein Richter einen Großteil der Akten nicht kannte. Anfang 2004 wurde vor der 5. Großen Strafkammer das Strafverfahren erneut eröffnet und wenige Tage später wegen geringer Schuld gegen Zahlung von 4.000 Euro eingestellt. Die Masse der Vorwürfe hatte sich als haltlos oder unbedeutend erwiesen. Anfang März 2004 wurde auch das Disziplinarverfahren gegen Härtel eingestellt. Dabei wurde betont, ihr seien keine beamtenrechtlichen Verfehlungen vorzuwerfen. Während des gesamten Skandals sah sich Härtel - von wenigen Ausnahmen abgesehen, darunter die *Frankfurter Allgemeine Zeitung* am 11. Februar 2003 – einer nahezu geschlossenen Front der regionalen Medien gegenüber. Dies hatte nach Ansicht des zuständigen Richters zu einer Vorverurteilung Härtels geführt, worin das Gericht – neben der geringen Schuld Härtels – einen Grund für die Einstellung des Verfahrens sah. Etwa gleichzeitig tauchte der begründete Verdacht auf, dass Härtel Opfer einer Intrige von Kollegen und Mitarbeitern geworden war, die gezielt Material gesammelt hatten, um sie bei einer günstigen Gelegenheit „fertig zu machen" (*FAZ* 9.1.2004).

Warum verlor Margot Härtel durch den Skandal ihr Amt während Joschka Fischer sein Amt behielt? Auf eine solche Frage werden meist reflexartig drei Gründe genannt – die Schwere der Tat, die Fallhöhe des Täters und die Reputation der publizistischen Angreifer. An der Schwere der Tat lag es kaum, weil es bei Härtel zwar um kleinere und größere Geldbeträge ging, bei Fischer aber um Gewaltanwendung mit z. T. schweren Folgen sowie um seine Nähe zu einem Mordverdächtigen. An der Fallhöhe der Skandalierten lag es nicht, weil der Fall Fischers viel tiefer gewesen wäre als der Fall Härtels. An der Reputation der publizistischen Angreifer lag es auch nicht – die war bei Fischer erheblich größer als bei Härtel. Der entscheidende Grund für den unterschiedlichen Verlauf der Skandalierung der beiden Politiker bestand darin, dass die Skandalierung Härtels sofort zu einem Skandal führte, während die Skandalierung Fischers nach wenigen Tagen in einen publizistischen Konflikt mündete. Zwischen Skandalen und publizistischen Konflikten im sozialwissenschaftlichen Sinn bestehen jedoch – neben einigen Gemeinsamkeiten – gravierende Unterschiede.

Bei Skandalen und bei publizistischen Konflikten um Missstände im weitesten Sinne sind die Fakten meist nach wenigen Tagen unstrittig. Dies bedeutet nicht, dass die Tatsachenbehauptungen zutreffen. Sie werden jedoch in der Öffentlichkeit nicht nennenswert in Frage gestellt. Daneben gibt es mehrere gravierende Unterschiede: Bei Skandalen besteht nach kurzer Zeit ein breiter Konsens in der Einschätzung der Ursachen der Missstände sowie der Verantwortung ihrer Urheber. Diejenigen, die die Missstände verursacht oder nicht verhindert haben, haben nach allgemeiner Überzeugung aus egoistischen Motiven, aus freien Stücken und in Kenntnis der Folgen gehandelt. Sie sind folglich voll verantwortlich. Bei publizistischen Konflikten entsteht dagegen schnell eine Auseinandersetzung über die Einschätzung der Ursachen der Missstände und die Verantwortung ihrer Urheber. Ein bemerkenswerter Teil der Beobachter hält die Missstände für unvermeidlich oder erkennt viele Menschen als Urheber, so dass der individuelle Beitrag untergeht. Zudem schreibt er den Urhebern der Missstände legitime bzw. altruistische Motive zu, die die negativen Folgen ihres Handelns in einem milden Licht erscheinen lassen. Aufgrund dieser Unterschiede geht es im publizistischen Konflikt vor allem darum, wie das Urteil aussehen soll. Im Skandal steht dagegen das Urteil nach kurzer Zeit fest. Es geht nur noch darum, wann und wie es exekutiert wird. Diesen kategorialen Unterschied weisen mit ähnlichen Folgen auch die Skandalierungen Lothar Späths und Manfred Stolpes auf.

Ministerpräsident Späth wurde vor allem wegen seiner Reisen auf Kosten von Industrieunternehmen skandaliert. Er hielt die publizistischen Attacken zwei Wochen aus. Die Angriffe begannen am 28. Dezember 1990 im Südwestfunk und steigerten sich in den folgenden Tagen. Am 13. Januar trat Späth zurück. Es war ein Sonntag. Am folgenden Tag erschien die nächste Ausgabe des *Spiegel*. Sie enthielt neue Angriffe, die schon am Wochenende als Vorabmeldung verbreitet wurden und eine Ursache des plötzlichen Rücktritts waren. Ministerpräsident Stolpe wurde wegen seiner Zusammenarbeit mit der Stasi skandaliert. Er stand die Angriffe durch. Sie begannen am 20. Januar 1992 aus Anlass der Veröffentlichung seiner Erinnerungen. Angestachelt wurden die Angriffe durch die Entdeckung, dass Stolpe die „Verdienstmedaille der DDR" erhalten hatte. Sie dauerten – mehrfach an- und abschwellend – das ganze Jahr über an. Trotzdem kapitulierte er nicht. Warum gab Späth so schnell auf und Stolpe überhaupt nicht? An der Intensität der Medienberichterstattung lag es nicht: Über Lothar Späths Auslandsreisen erschienen vom 28. Dezember 1990 bis zum 12. Februar 1991 in zehn Zeitungen und Zeitschriften 165 Artikel. Über die Stasi-Vergangenheit von Stolpe brachten dagegen zehn Zeitungen und Zeitschriften vom 18. Januar bis zum 23. August 1992 mehr als sechsmal so viele Beiträge – nämlich 1.119.

Ein bedeutsamer Unterschied bestand im Tenor der Berichterstattung. Nahezu die Hälfte der Beiträge über die Auslandsreisen von Späth enthielten vor allem Aussagen, die Späth belasteten. Nur ein Fünftel der Beiträge entlastete ihn überwiegend. Ganz anders die Diskussion um Stolpe. Mehr als ein Drittel der Beiträge (37 %) enthielten Aussagen, die ihn überwiegend entlasteten. Weniger als ein Drittel (31 %) belasteten ihn eindeutig. Stolpes Vergangenheit war zwar ein bedeutenderes Thema, Späths Vergangenheit wurde jedoch einseitiger dargestellt. Zudem entwickelte sich die Berichterstattung entgegengesetzt: Im Fall Späth näherten sich der Tenor der Blätter – einem liegenden V gleich, dessen Spitze nach rechts weist – immer mehr an und trafen sich im negativen Bereich. Die Folge war ein Skandal, der Späth aufgrund der einhelligen Urteile fast aller Medien keine Chance mehr ließ. Im Fall Stolpe lief der Tenor der Beiträge verschiedener Medien – einem liegenden V gleich, dessen Öffnung nach rechts weist – auseinander, sodass sich zwei annähernd gleich starke Lager gegenüberstanden. Die Folge war ein publizistischer Konflikt, der Stolpe alle Optionen offen ließ (Kepplinger 1993a).

Die Tatsache, dass Späth und Härtel Opfer von Skandalen, Fischer und Stolpe jedoch Objekte von publizistischen Konflikten wurden, erklärt zwar, weshalb Späth und Härtel ihre Ämter verloren, während Fischer und Stolpe im Amt blieben. Sie wirft jedoch die Frage auf, weshalb die Skandalierung von Späth und Härtel zu einem Skandal führte, während die Skandalierung von Fischer und Stolpe, obwohl die Vorwürfe gegen sie erheblich gravierender waren, in einem publizistischen Konflikt mündeten. Auf diese Frage gibt es mehrere Antworten. Erstens bekannte sich Fischer demonstrativ zu einem Verhalten, das nicht zu leugnen war, und Stolpe gab alles zu, was nicht verheimlicht werden konnte. Dagegen hatte Härtel versucht, ihr Verhalten zu vertuschen und wurde bei einer Lüge ertappt. Stolpe und vor allem Fischer gewannen Vertrauen, während Härtel Vertrauen verlor. Zweitens lieferten Fischer und Stolpe überzeugend klingende Interpretationen der Motive ihres Verhaltens. Sie charakterisierten es als Versuch, übergeordnete Ziele zu erreichen – eine Veränderung der Gesellschaft bzw. die Ausreise von Ausreisewilligen. Dabei stellte sich Fischer als Teil einer breiten Bewegung, Stolpe als herausragenden Grenzgänger dar. Dagegen standen Härtel durch den Hinweis auf eine geplante Schönheitsoperation und Späth durch den Hinweis auf Vergünstigungen bei seinen Reisen im Verdacht der persönlichen Bereicherung.

Drittens solidarisierten sich mit Stolpe und Fischer zahlreiche Personen des öffentlichen Lebens. So äußerten sich bei der Skandalierung Fischers neben einer Reihe von Politikern der Grünen der SPD-Generalsekretär Franz Müntefering *(FR* 6.1.2001), der SPD-Fraktionsvorsitzende Peter Struck (*Welt* 19.1.2001), Bundeskanzler Gerhard Schröder (*Welt* 27.1.2001), Bundestagspräsident Wolfgang Thierse (*Welt* 22.1.2001) und Bundespräsident Johannes Rau (*Welt* 19.1.2001) verständnisvoll.[5] Ähnlich eindrucksvolle Entlastungen gab es weder auf nationaler Ebene bei der Skandalierung von Späth, noch im regionalen Rahmen bei der Skandalierung von Härtel.

---

5 Dies war bei der Skandalierung von Michel Friedman ähnlich. Unter der Überschrift „Wer steht jetzt noch zu Friedman" zitierte *Bild* (23.6.2003) nach Friedmans Geständnis elf Personen, darunter Angela Merkel, Artur Brauner, Christian Wulff, Salomon Korn, Dieter Wedel und Ottfried Fischer. Auch Erich Böhme stellte sich demonstrativ vor Friedman.

Viertens folgte der Skandalierung Fischers eine Gegenskandalierung seiner Skandalierer.[6] In der *Süddeutschen Zeitung* diskreditierte Hans Leyendecker in mehreren Beiträgen u. a. die Motive von Bettina Röhl, die Fischer auf den Aufnahmen entdeckt und sie in den Medien platziert hatte (5.1., 8.1.,19.1.2001). Die *Frankfurter Rundschau* versuchte bereits am ersten Tag der Skandalierung Fischers, den CDU-Politiker Bosbach lächerlich zu machen, der den Rücktritt Fischers gefordert hatte (4.1.2001). Beide Themen – die Diskreditierung der Skandaliererin Röhl und der Kritiker Fischers – bildeten im Januar einen Schwerpunkt der Berichterstattung beider Blätter. Die Wende kam jedoch erst am 22. Januar durch einen Artikel von Reinhard Mohr im *Spiegel*, in dem er die Kritik an Fischer als Versuch von Konservativen darstellte, die Revolte von 1968 als „monströsen Irrtum" zu deuten. Eine Woche darauf baute der *Spiegel* in seiner Titelgeschichte „Das Gespenst der siebziger Jahre. Die Gegenwart der Vergangenheit" diese Argumentation noch aus. Damit war nicht mehr Fischer das zentrale Thema, sondern der Umgang seiner Kritiker mit der Studentenbewegung und ihren Folgen. Zwar veröffentlichten mehrere Medien, darunter auch der *Spiegel*, in den folgenden Wochen z.T. schwere Vorwürfe gegen Fischer. Sie trafen jedoch auf eine fest gefügte Front von Politikern und Journalisten, die ihn ent- und seine Kritiker belasteten.

Der Verlauf der Skandalierung von Stolpe, Fischer und einigen anderen wirft die Frage auf, warum ein bemerkenswerter Teil der Medien in diesen Fällen bereit war, die Selbstinterpretationen der Skandalierten zu übernehmen, ihren Verteidigern große Publizität zu verschaffen und ihre Kritiker zu diskreditieren – zumal ein wesentliches Argument der Verteidiger Fischers offensichtlich falsch

---

6 Dies war bei der Skandalierung Friedmans ähnlich. So behauptete der Herausgeber der *Zeit*, Michael Neumann, die Ermittlungen gegen Friedman seien das Werk „eines durchgeknallten Staatsanwalts". *Bild* überschrieb einen Beitrag auf Seite 1 mit der Frage „Riesen-Blamage für Staatsanwälte?" (24.6.2003) und einen längeren Beitrag im Innenteil der gleichen Ausgabe mit der Frage „Droht der Berliner Justiz eine fürchterliche Blamage?" Die Gegenskandalierung scheiterte jedoch an z. T. ironischen Repliken mehrerer Medien, darunter die *Frankfurter Allgemeinen Zeitung* (21.6.2003) und der *Focus* (Nr. 27/2003).

war: Erstens war das Verhalten der 68er-Demonstranten nicht typisch für eine ganze Generation. An den Protesten hatten allenfalls 5 Prozent der damaligen Alterskohorte teilgenommen. Zweitens war das Verhalten der politisch motivierten Schlägergruppen der siebziger Jahre nicht typisch für die 68er-Demonstranten mit ihrem überbordenden Interesse an politischer Theorie. Beides deutet darauf hin, dass die Verteidiger Fischers den Ausdruck „generationstypisch" nicht wörtlich, sondern metaphorisch verwandten: Fischers Verhalten war nicht typisch für seine Generation. Es war typisch für ihr eigenes Generationsbewusstsein. Und das traf in zu.

Mehr als die Hälfte der 68er-Generation unter den Journalisten (57 %) hat nach eigener Angabe an „friedlichen Demonstrationen" teilgenommen, fast die Hälfte (47 %) hat „Gewalt bei Demonstrationen" erlebt, nahezu ein Drittel (31 %) war in der „Studentenbewegung" aktiv. Hierbei handelt es sich um Schlüsselerfahrungen, die nach Ansicht eines großen Teils der Befragten ihr politisches Denken geprägt haben (Ehmig 2000). Auch wenn die meisten Journalisten in der Vergangenheit selbst keine gewaltsamen Demonstranten waren, glich die Skandalierung Fischers einem Angriff auf die Vergangenheit und das Selbstverständnis eines erheblichen Teils der heute aktiven Journalisten, der allenfalls dann erfolgreich gewesen wäre, wenn man Fischer eindeutig kriminelle Akte hätte nachweisen können. Da dies nicht der Fall war, mündete die Skandalierung Fischers in einen publizistischen Konflikt über die Bedeutung der Studentenbewegung für die Bundesrepublik und die Notwendigkeit einer bruchlosen Biographie.

Der Verlauf der Skandalierung Stolpes besaß ähnliche Gründe. Auch hierbei spielte die politische Biographie eines großen Teils der meinungsbildenden Berichterstatter und Kommentatoren eine zentrale Rolle. Für sie ging es nicht vorrangig um Stolpes Tätigkeit in der DDR, sondern um ihre eigenen Tätigkeit in der BRD: „Die Anhänger der Ost- und Deutschlandpolitik der Jahre seit 1969" hatten – so Robert Leicht von der *Zeit*, der zu den publizistischen Anwälten von Stolpe gehörte – „kein großes Interesse daran, einen ihrer wichtigsten Gesprächspartner über die Tischkante fallen zu lassen und damit im Grunde sich selbst bloßzustellen" (Kepplinger

1993a). Das Gegenbeispiel hierzu liefert die Skandalierung Kohls wegen der illegalen Spenden: Fast alle Medien, die das Verhalten Kohls massiv skandalierten – allen voran der *Spiegel*, der *Stern*, die *Zeit* und die *Süddeutsche Zeitung* – hatten ihn seit der Bundestagswahl 1976 nahezu permanent angegriffen (Kepplinger/Donsbach/ Brosius/Staab 1986). Nach seiner Amtsübernahme hatten sie die Durchsetzung des NATO-Doppel-Beschlusses sowie die deutschen Vereinigung nach Artikel 23 GG (Beitritt der DDR zur BRD) massiv kritisiert. Sie hatten, so weit sie die Vereinigung nicht generell ablehnten, auf einen „dritten Weg" zwischen Kapitalismus und Kommunismus gesetzt (Czaplicki 2000). Kohl hatte diese Angriffe mit erkennbarer Verachtung für seine Kritiker im Amt überlebt und in der Sache Recht behalten. Zurückgeblieben waren seine politisch erfolglosen Gegner, denen seine Skandalierung die Chance zu einer erfolgreichen Abrechnung bot. Deshalb ist der CDU-Spendenskandal auch ein später Sieg des intellektuellen Diskurses über die praktische Politik.

Die Risiken, aufgrund fragwürdiger Verhaltenweisen skandaliert zu werden, und die Chancen, einen Skandalierungsversuch zu überstehen, sind offensichtlich nicht für alle gleich. Einer der Faktoren, von denen sie abhängen, sind die politischen Präferenzen und persönlichen Antipathien der Journalisten. Dies hat Matthias Rosenthal (1987) bereits nach der Flick-Parteispenden-Affäre in einem Fragebogen-Experiment mit Journalisten nachgewiesen. Rosenthal legte zwei Stichproben von Journalisten eine fiktive Meldung vor: „Der Ministerpräsident ... soll für seine Partei Gelder in Höhe von etwa 100.000 DM beschafft haben. Aus den Informationen über den Vorgang geht nicht klar hervor, ob die Geldbeschaffung rechtmäßig oder rechtswidrig war." In der einen Hälfte der Fragebögen wurde als Verdächtiger der damalige Ministerpräsident von Nordrhein-Westfalen, Johannes Rau, genannt, in der anderen der damalige Ministerpräsident von Bayern, Franz Josef Strauß. Die Einstellung der Befragten zu den Politikern ermittelte Rosenthal mit Hilfe einer Sympathie-Skala.

Die wichtigste Testfrage zielte auf die Erstpublikation eines Verdachtes gegen die genannten Politiker. Sie lautete: „Stellen sie sich bitte vor, eine Redaktion erhält die [oben genannte] Information exklusiv vor Redaktionsschluss. Wann sollte sie Ihrer Meinung nach veröffentlicht werden?" Von den Journalisten, die die Politiker unsympathisch fanden, erklärten mehr als zwei Drittel (71 %), sie würden die Meldung „sofort publizieren, um das Thema exklusiv im Blatt zu haben". Von den Journalisten, die sie sympathisch fanden, waren es weniger als die Hälfte (48 %). Sie wollten mehrheitlich „warten, um gründlich recherchieren zu können". Weil die meisten Journalisten Rau sympathischer fanden als Strauß, waren sie eher bereit, den ungeprüften Verdacht gegen Strauß zu veröffentlichen als den ungeprüften Verdacht gegen Rau. Der Erfolg oder Misserfolg einer Skandalierung hängt auch davon ab, wie intensiv die Redaktionen Missstände recherchieren und mit welcher Wucht sie ihre Anklagen publizieren. Journalisten, die die Politiker unsympathisch fanden, waren häufiger der Meinung, die Redaktion sollte „mehrere Journalisten ... für die Recherche" abstellen (39 % vs. 13 %). Darüber hinaus waren sie auch eher bereit, die Vorwürfe zu verallgemeinern und „in einem Bericht oder einem Kommentar ... Parallelen zu früherem zweifelhaftem Verhalten" zu ziehen (57 % vs. 24 %) (Kepplinger 1989a). Ob sich aus einem Skandalierungsversuch ein Skandal oder ein publizistischer Konflikt entwickelt, hängt folglich nicht nur vom Verhalten der Skandalierenden ab. Genauso wichtig sind die Einstellungen der Journalisten in den meinungsbildenden Medien.

13 Illusion der Wahrheit

Viele Skandale beruhen auf neuen Informationen: Der Skandal um den ortho-Nitroanisol-Unfall bei der Hoechst AG wurde durch die überraschende Entdeckung ausgelöst, dass die Chemikalien über den Main hinweg in ein Wohngebiet getragen worden waren. Der Skandal um den Befall von Fischen mit Nematoden begann mit Fernsehaufnahmen von Fadenwürmern, die bis dahin die meisten noch nicht gesehen hatten. Der Skandal um das Finanzgebaren der CDU entwickelte sich aus der Entdeckung, dass der ehemalige Schatzmeister der Partei auf einem Schweizer Parkplatz eine Million DM in einem Koffer erhalten hatte. Der Skandal um Lipobay begann durch eine Mitteilung der Bayer AG, dass tödliche Nebenwirkungen auftreten können usw. Zudem kommen im Verlauf vieler Skandale bisher unbekannte Tatsachen ans Tageslicht: Während des Skandals um den ortho-Nitroanisol-Austritt erfuhr die Öffentlichkeit, dass der Stoff möglicherweise Krebs erregend ist. Während des Skandals um die geplante Versenkung der Brent Spar wurde bekannt, dass auch andere Rohölspeicher auf die gleiche Weise beseitigt werden sollten. Während des Skandals um die anonymen Spenden an Helmut Kohl wurde bekannt, dass ein Teil des Vermögens der hessischen CDU in der Schweiz versteckt war usw.

Viele der neuen Informationen sind allerdings Insidern und Experten längst bekannt: So wussten Köche schon lange, dass Fische gelegentlich von Nematoden befallen sind. Der frühere Generalsekretär der CDU, Heiner Geißler, wusste seit Jahren von schwarzen Kassen der CDU. Das „Beratergremium für Umweltrelevante Altstoffe" (BUA) hatte bereits in der Woche vor dem ortho-Nitroanisol-Unfall über eine entsprechende Ergänzung des DIN-Sicherheitsblattes diskutiert, und für Fachleute von Versorgungsunternehmen war die Information, dass neben der Brent Spar auch andere Rohölspeicher versenkt werden sollen, nicht Neues. Darauf kommt es hier jedoch nicht an. Hier geht es nicht darum, dass Insider und Spezialisten die relevanten Informationen kennen, sondern dass die Öffentlichkeit sie erfährt. Es kommt auch nicht darauf an, dass einzelne Journalisten die skandalrelevanten Informationen haben und nebenbei erwähnen – wie der *Spiegel* mit einer eher beiläufigen Bemerkung über die Zahlung von einer Million DM an Leisler Kiep. Es ist auch unerheblich, dass dem Bundesinstitut für Arzneimittel und Medizinprodukte seit 1998 die Möglichkeit tödlicher Nebenwirkungen von Lipobay bekannt war. Die Bevölkerung wusste es nicht. Entscheidend ist, dass die Öffentlichkeit insgesamt auf Missstände aufmerksam gemacht wird, und genau das geschieht in einem Skandal durch die massenhafte Berichterstattung aller oder fast aller Medien.

Die Bevölkerung erfährt durch die Skandalierung von Missständen vieles, was sie bisher nicht wusste. Aber erfährt sie dadurch auch die Wahrheit? Dagegen spricht, dass bei fast allen Skandalen auch falsche Behauptungen verbreitet werden – erinnert sei an die falschen Angaben über die Art und Menge der Rückstände in der Brent Spar, die falschen Behauptungen über den Tod des Terroristen Grams, die falschen Behauptungen über die Gefährdung der Anwohner im Umkreis der Hoechst AG, die falschen Behauptungen über die Verwendung der anonymen Spenden an Kohl, die falschen Behauptungen über die Rechtsradikalen in Sebnitz, die falschen Behauptungen über einen schweren Amtsmissbrauch von Härtel. Der Einwand ist berechtigt, trägt jedoch nicht weit, weil man nie ausschließen kann, dass sich einzelne Behauptungen als falsch erweisen. Die Möglichkeit des Irrtums ist eine Voraussetzung für die Erkenntnis der Wahrheit. Dies gilt auch für die Skandalierung von Missständen. Wollte man die Verbreitung von möglicherweise falschen Informationen verhindern, wäre auch die Verbreitung der Informationen behindert, deren Richtigkeit sich erst später herausstellte. Dagegen kann man einwenden, dass es sich bei den falschen Behauptungen im Skandal gelegentlich um gezielte Fehlinformationen handelt, die einen Verdacht wecken oder bestätigen sollen. Das trifft gelegentlich zu, greift aber dennoch daneben, weil man kaum beweisen kann, dass die Beteiligten gegen besseres Wissen gehandelt haben.

Die Antwort auf die Frage, ob in Skandalen die Wahrheit gefunden wird, hängt nicht vorrangig davon ab, ob auch falsche Informationen verbreitet werden, sondern davon, was man unter Wahrheit versteht. Als Wahrheit oder wahr gilt spätestens seit der Aufklärung das, was in einem geregelten Verfahren festgestellt wurde. Das Ziel der Verfahrensmäßigkeit ist die Objektivität der Erkenntnis: Als wahr gilt nur, was systematisch ermittelt wurde, intersubjektiv prüfbar ist und einer solchen Nachprüfung standhält. Individuelle Erkenntnisse mögen als Hypothese interessant sein. Als Wahrheit können sie aber nur akzeptiert werden, wenn sie nachprüfbar sind. Nur so ist sichergestellt, dass verschiedene Beobachter zum gleichen oder annähernd gleichen Ergebnis gelangen. Zum geregelten Verfahren gehören auch Regeln, die die Interessen der Personen schützen, die zum Gegenstand von Untersuchungen werden. Bei Tests von Medikamenten sind dies die Patienten, bei Strafprozessen die Angeklagten, bei Bevölkerungsumfragen die Befragten usw. Die Strafprozessordnung regelt u. a., welche Beweise erlaubt und welche im Interesse der Wahrheit und zum Schutz der Angeklagten unzulässig sind. So dürfen verdeckte Ermittler nicht generell, sondern nur zur Aufdeckung bestimmter Straftaten eingesetzt werden (§ 110a). Zeugen dürfen unter bestimmten Voraussetzungen die Aussage verweigern (§§ 52, 53). Die Vernehmung der Beschuldigten muss nach genau festgelegten Grundsätzen erfolgen. Die richterliche Untersuchung muss protokolliert werden, wobei die Anfertigung des Protokolls bis in Einzelheiten hinein geregelt ist (§ 168). Die wissenschaftliche Methodenlehre legt u. a. fest, wie Versuchspersonen auf Experimental- und Kontrollgruppen verteilt werden müssen, welche Testpersonen aus der Analyse auszuschließen sind und welche Erhebungsmethoden unzulässig sind. So dürfen bei demoskopischen Untersuchungen keine Suggestivfragen gestellt, keine Informationen über das Privatleben anderer Personen erfragt und personenbezogene Daten nur im Rahmen des Datenschutzgesetzes gespeichert werden. Im geregelten Verfahren ist folglich nicht alles erlaubt, was aus der individuellen Sicht eines Staatsanwaltes oder Wissenschaftlers der Wahrheitsfindung dienen könnte.

Gegen diese Argumentation kann man einwenden, dass es keine objektive Wahrheit gibt. Alles, was wir als Wahrheit betrachten, ist danach eine Folge von individuellen Eindrücken und Wertungen, weshalb es ebenso viele subjektive Wahrheiten wie Beobachter gibt. Dieser Einwand ist theoretisch richtig, praktisch jedoch meist irrelevant. Kein Maler kennt die tatsächliche Größe der Räume, die er anstreicht, weil er ihre Länge, Breite und Höhe nicht auf einen tausendstel Millimeter ausmessen kann. Und wenn er und seine Kollegen es dennoch täten, kämen keine zwei Maler zum gleichen Ergebnis. Aber so wenig es bei den Malern um die absolute Größe geht, geht es bei Skandalen um die absolute Erkenntnis. Ob Shell die Schadstoffe auf der Brent Spar auf ein Gramm genau angegeben hatte, ob ortho-Nitroanisol in extremen Dosen tatsächlich krebserregend ist, oder ob Kohl von den Spenden 100.000 oder 200.000 DM im Westen ausgegeben hat, ist für die Beurteilung des Kerns der Problematik genauso irrelevant wie die Frage, ob von den 130.000 in Nordrhein Westfalen getesteten Rindern drei statt zwei mit BSE infiziert waren. Dies würde an der jeweiligen Diagnose und den daraus abgeleiteten Folgerungen nichts ändern. In allen Fällen geht es nicht um die Bestimmung absoluter Größen, sondern um sachlich angemessene Näherungswerte, die sich in den meisten Fällen mit hinreichend großer Genauigkeit erkennen lassen.

Ein wesentliches Ziel von geregelten Verfahren besteht darin, dass gleiche Sachverhalte gleich behandelt und in ihren Relationen zu anderen Sachverhalten gesehen werden. So sollen ähnliche Vergehen ähnlich bestraft werden und die Strafen für eine bestimmte Tat im Verhältnis zu den Strafen für andere Taten stehen. Beides trifft auf Skandale nicht zu. Typisch für Skandale ist die Ungleichbehandlung ähnlicher Sachverhalte. Dies gilt sowohl für die Beurteilung ähnlicher Sachverhalte zu verschiedenen Zeiten, wie auch für die Beurteilung ähnlicher Sachverhalte im gleichen Zeitraum. Die Reisen Späths auf Kosten der Industrie wurden erst als Sparmaßnahmen eines cleveren Schwaben gefeiert und dann als korruptionsverdächtige Großmannssucht angeprangert. Die anonymen Spenden an den ehemaligen Schatzmeister der SPD wurden kaum zur Kenntnis genommen, die Spenden an den ehemaligen CDU-Vorsitzenden als Verfassungsbruch gegeißelt. Die tödlichen Nebenwirkungen von Lipobay wurden weder mit den Chancen und Risiken alternativer

Präparate verglichen, noch mit den tödlichen Nebenwirkungen von Medikamenten, die eher dem Wohlbefinden als der Lebenserhaltung dienen, wie z. B. Viagra. Dies geschah in einigen wenigen Beiträgen erst, als der Skandal vorbei und die Bayer AG stigmatisiert war.

Die Skandalierung von Missständen beruht auf der Ausschaltung bzw. Umkehrung der Prinzipien von geregelten Verfahren. Das gilt für rechtliche Regeln und für journalistische Berufsnormen. Im Skandal erscheint vieles erlaubt, was normalerweise unzulässig ist. Im Skandal werden illegal beschaffte Informationen veröffentlicht – vom *Stern* das von der Stasi abgehörte Telefonat zwischen Helmut Kohl und Kurt Biedenkopf (Ahrens 1984). Im Skandal werden Informanten für ihre Aussagen bezahlt – vom *Spiegel* Sabine Wichmann für ihre Aussagen gegen Johannes Rau und Heinz Schleußer in der „Flugzeugaffäre". Im Skandal werden anonyme Anschuldigungen veröffentlicht – von der *Leipziger Volkszeitung* Informationen über angebliche Spenden der Firma Bosch an Helmut Kohl und Erwin Teufel. Im Skandal werden schwere Vorwürfe aufgrund der Aussagen von unbekannten Zeugen erhoben – vom *Spiegel* der Verdacht der kaltblütigen Erschießung von Wolfgang Grams in Bad Kleinen. Im Skandal werden vor Abschluss der Ermittlungen Schriftstücke der Staatsanwaltschaft veröffentlicht – von *Bild* das Protokoll der Vernehmung des CDU-Finanzberaters Horst Weyrauch. Im Skandal werden scheinbar alarmierende Messwerte ohne Hinweis auf die geringe Bedeutung der Daten publiziert – von zahlreichen Medien die Behauptung, die Reststoffe in der Brent Spar seien radioaktiv. Im Skandal werden wichtige Informationen, die der akzeptierten Sichtweise widersprechen, unterschlagen oder diskreditiert – wie von fast allen Medien die nahezu einstimmige Stellungnahme unabhängiger Experten, dass die bei dem ortho-Nitroanisol-Unfall ausgetretenen Stoffe keine ernste Gefahr für die Anwohner darstellten (Kepplinger/Hartung 1995).

Bei jedem geregelten Verfahren besteht die Gefahr von Verfahrensfehlern. Gelegentlich werden die Regeln aus Unkenntnis oder Nachlässigkeit nicht hinreichend beachtet. Zuweilen lassen sich kleinere Regelverletzungen praktisch nicht vermeiden. Zudem gibt es schwer wiegende Regelverstöße, die das gesamte Verfahren und seine

Ergebnisse zunichte machen. Folglich werden nicht alle Täter für ähnliche Taten tatsächlich ähnlich bestraft. Zuweilen werden auch eklatante Fehlurteile gefällt, falsche Analyseergebnisse publiziert oder richtige Erkenntnisse verschwiegen. In einem liberalen Rechtsstaat akzeptieren jedoch Juristen keine Beweise, die durch die offenkundige Missachtung von Verfahrensregeln zustande kamen, und Wissenschaftler übernehmen keine Erkenntnisse, die durch die erkennbare Verletzung von Methodenvorschriften gewonnen wurden – es sei denn, sie riskieren damit ihre Position. Im Unterschied zu Skandalierern rechtfertigen sie solche Regelverletzungen auch nicht öffentlich mit den so gewonnenen „Erkenntnissen", weil solche Informationen generell nicht als Erkenntnisse betrachtet werden. Dabei spielt es keine Rolle, ob die Regeln im Interesse an der reinen Wahrheit oder aus Eigennutz verletzt wurden – aus politischen Motiven, finanziellen Gründen oder aus Profilierungssucht.

Bei Skandalen stellen dagegen auch schwere Verletzungen der geltenden Regeln das, was als Wahrheit erscheint, nicht generell in Frage. Dies geschieht nur dann, wenn die Regelverletzungen – wie im Fall Sebnitz – zu groben und zugleich unbezweifelbaren Irrtümern führen. In vielen Fällen bilden Regelverletzungen die Grundlage der skandalträchtigen Sichtweise, ohne dass dies moniert werden würde – etwa bei der Skandalierung von Missständen durch illegal beschaffte Informationen. Gelegentlich wird – wie im Fall von Kohls Stasi-Akte – die Publikation solcher Informationen ausdrücklich verlangt, obwohl die Qualität der darin enthaltenen Informationen fragwürdig und nicht prüfbar ist. Falls bei Skandalen dennoch einmal die Zulässigkeit von Regelverletzungen diskutiert wird, ist nicht die Ermittlung der Wahrheit das relevante Urteilskriterium, sondern das Interesse der Öffentlichkeit. Die Frage, ob die Befriedigung des Interesses der Öffentlichkeit die Wahrheitsfindung fördert, wird dabei nicht gestellt. Sie lässt sich kurzfristig durch ein geregeltes Verfahren allerdings meist auch nicht beantworten.

Verstöße gegen geltendes Recht werden bei der Skandalierung von Missständen durch das Interesse der Allgemeinheit, das durch die rechtswidrigen Publikationen häufig erst hervorgerufen wurde, relativiert und nur in seltenen Fällen geahndet. Werden Verfahren gegen einzelne Medien eingeleitet, wird über diese im Gegensatz zu den skandalierten Missständen allenfalls in Kurzmeldungen berichtet – so wie beim Ermittlungsverfahren gegen die *Zeit*, die behauptet hatte, der frühere Kanzleramtsminister Friedrich Bohl sei dafür verantwortlich, dass in seinem Amt Akten vernichtet worden seien.

Ein Ziel von geregelten Verfahren ist die Einordnung der Einzelfälle in den Kontext ähnlicher Fälle sowie die Klassifikation ihrer relativen Bedeutung. Dazu gehören im Strafverfahren die Umstände der Straftat, bei Umfragen die Verallgemeinerbarkeit der Ergebnisse, bei Risikoabwägungen die Wahrscheinlichkeit von Unfällen usw. Charakteristisch für Skandale ist dagegen die isolierte Betrachtung und Verallgemeinerung von Einzelfällen. Bei der Skandalierung von Politikern, Unternehmern und anderen Personen geschieht dies meist dadurch, dass Ausnahmefälle als symptomatisch dargestellt werden. Einzelne Verhaltensweisen erscheinen folglich als typisch für einen Politiker, seine Partei, die politische Klasse oder das politische System. Bei der Skandalierung von Schäden geschieht dies meist dadurch, dass die oft sehr geringe Wahrscheinlichkeit einer Schädigung der meisten Menschen ausgeblendet wird (Singer/Endreny 1987). So konnte man bei der Skandalierung BSE-erkrankter Rinder aus unzähligen Beiträgen vieles über die neueste Zahl der BSE-infizierten Rinder in Deutschland erfahren. Die Zahl, die man zur Beurteilung der Risiken benötigt hätte, den Anteil der infizierten an allen Rindern, erfuhr man jedoch durch die Masse der Beiträge monatelang nicht. Sie hätte jedem gezeigt, dass die Gefahr bei weitem nicht so groß war, wie die Masse der Medien der Bevölkerung suggerierte. Die Konsequenz der Problemverkürzung war eine Desorientierung der Bevölkerung über das tatsächliche Ausmaß der Gefährdung, die neben der Verängstigung der Bürger erhebliche wirtschaftliche Schäden verursachte.

Im Recht wie in der Wissenschaft ist das, was als Wahrheit erkannt und bekannt gemacht wird, das Ergebnis der Abwägung von Einzelinformationen. Dies gilt auch dann, wenn es am Anfang eine klare Vermutung gibt. Die Wahrheit steht folglich immer erst am Ende des geregelten Verfahrens fest. Bis zu diesem Ende müssen alle möglichen Folgerungen gleiche oder zumindest ähnliche Chancen besitzen. Alles andere gilt als Vorverurteilung bzw. Vorurteil. Im Skandal steht dagegen das, was als Wahrheit betrachtet und publiziert wird, von Anfang an fest. Die Wahrheit folgt nicht aus der Abwägung der schrittweise erkennbaren Einzelbefunde. Die nacheinander erkennbaren Einzelbefunde werden vielmehr im Lichte der am Anfang etablierten Sichtweise stimmig interpretiert. Und nur wenn es am Anfang gelingt, eine skandalträchtige Sichtweise zu etablieren, erscheinen die Einzelbefunde skandalös. Zwar werden auch im Recht und in der Wissenschaft zuweilen Einzelinformationen so interpretiert, dass sie zu den etablierten Vorstellungen passen. Was dort jedoch der nicht tolerierbare Sonderfall ist, ist im Skandal der allgemein akzeptierte Normalfall.

Erweist sich im Skandal die zentrale Behauptung als falsch, wird auf andere Sachverhalte verwiesen, die das Verhalten der Angeprangerten skandalös erscheinen lassen. Auf diese Weise mutieren Sachverhalte, die im Vergleich zur zentralen Behauptung unerheblich sind und allein kaum Beachtung finden würden, zum Beweis für die Richtigkeit des zentralen Vorwurfs. Im Fall des ortho-Nitroanisol-Unfalls wurde das falsche Verhalten der Unternehmensleitung zum Ersatz für die unzureichende Giftigkeit der Chemikalien. Im Fall der BSE-infizierten Rinder wurden Anklagen gegen Viehtransporte und Schlachtpraktiken zum Ersatz für den geringen Anteil erkrankter Tiere. Im Fall der Gedenkrede Jenningers fungierte die falsche Intonation seiner Rede als Ersatz für den Mangel an inhaltlichen Fehlern. Später hat Ignatz Bubis Teile der Rede in der Frankfurter Synagoge gehalten, ohne dass daran Anstoß genommen wurde. Im Fall von Lipobay hieß es später, die schlechte Informationspolitik des Unternehmens sei Schuld an dem Skandal – als ob es an der Gefährdung der Patienten und der Notwendigkeit ihrer Warnung etwas geändert hätte, wenn das Unternehmen die Medien einige Stunden vor den Anlegern informiert hätte. Die Patienten wurden nicht durch die falsche Reihenfolge der Informationen irregeführt, sondern durch die falschen Darstellungen eines Teils der Medien.

Kein Verfahren liefert immer richtige Ergebnisse. Die Geschichte der Wissenschaft ist auch eine Geschichte der wissenschaftlichen Irrtümer, die des Rechts auch eine Geschichte der Justizirrtümer. Solche Fehler geschehen selbst dann, wenn alle Regeln beachtet wurden – weil die theoretischen Annahmen falsch waren, weil die Messverfahren genauer werden, weil sich Beobachter geirrt haben, weil neue Zeugen auftauchen, weil falsche Schlüsse gezogen wurden usw. Die entscheidende Frage lautet deshalb nicht, ob die Gerichte oder Forschungsinstitute bzw. einzelne Fachleute immer Recht haben. Dies trifft zweifellos nicht zu. Die entscheidende Frage lautet vielmehr, wer eher irrt – Experten oder Laien, und wann solche Irrtümer größer sind – bei der Durchführung von geregelten Verfahren oder bei intuitiven Vorgehensweisen. Die Antwort darauf ist eindeutig. Selbst wenn gelegentlich die individuelle und intuitive Einsicht dem geregelten Verfahren überlegen ist, stellt sie keine Alternative dazu dar, weil geregelte Verfahren trotz ihrer Fehleranfälligkeit per Saldo dem, was langfristig als Wahrheit betrachtet werden kann, weitaus näher kommen.

Bei einem geregelten Verfahren werden die Fakten und Folgerungen in einem Abschlussbericht dokumentiert – in der Begründung von Gerichtsurteilen, in wissenschaftlichen Forschungsberichten usw. Auch nach dem Ende von Skandalen erscheinen neben Gesamtdarstellungen von Skandalierern und Skandalierten gelegentlich distanzierte Analysen. Zudem erstellen Pressearchive und einzelne Medien zuweilen resümierende Gesamtdarstellungen. Diese findet man jedoch allenfalls in Qualitätszeitungen. Sie erreichen die Masse des Publikums nicht und hinterlassen folglich im Gegensatz zu den Skandalberichten dort keine erkennbaren Spuren. Die Mehrheit der Bevölkerung glaubt am Ende nicht das, was erwiesen wird, sondern das, was sie vorher überall massenhaft gelesen, gehört und gesehen hat. Und je länger ein Skandal dauert, desto größer wird die Kluft zwischen dem, was die Mehrheit zu wissen glaubt, und dem, was man tatsächlich wissen kann. Dies ist nicht die Schuld der Medien. Selbst wenn sie am Ende eines Skandals den erreichten Erkenntnisstand mit der gleichen Wucht publizieren würden wie am Anfang die skandalträchtigen Vorwürfe, würden das nur wenige verfolgen, weil sich das Interesse längst anderen Themen zugewandt hat. Die großen Skandale sind deshalb meist auch die Ursache von großen Kollektiv-Irrtümern, und die Mehrheit kehrt nach einiger

Zeit nicht deshalb zu ihren Gewohnheiten zurück, weil sie die Wahrheit nun kennt, sondern weil sie das, was sie noch immer für die Wahrheit hält, nicht mehr ernst nimmt. Also tanken die Leute wieder bei Shell, essen Rindfleisch und wählen die CDU.

Zu jedem geregelten Verfahren gehört schließlich die Möglichkeit der Revision. Im Rechtswesen ist dies durch spezielle Instanzen gewährleistet. In der Wissenschaft wird die Revision von Erkenntnissen mit Prestige honoriert und ist dadurch fest institutionalisiert. Dies schlägt sich auch im beruflichen Selbstverständnis nieder, wie eine Befragung von Journalisten und Wissenschaftlern aus dem Jahr 1991 belegt. Die meisten Wissenschaftler fanden es richtig, wenn Kollegen, die gegen wissenschaftliche Verfahrensregeln verstoßen haben, in der Öffentlichkeit namentlich kritisiert werden. Dagegen kann man den Einwand erheben, dass sie sich in der Praxis häufig nicht daran halten. Dies trifft zu. Journalisten lehnten aber eine solche Kollegenkritik selbst in der Befragungssituation fast einhellig ab. Sie hielten zwar eine interne Kritik am beruflichen Fehlverhalten von Kollegen für notwendig. Sie betrachteten die Öffentlichkeit jedoch nicht als den richtigen Ort dafür (Schaus 1992; Kepplinger 1993b).

Im Kern bestätigt werden die Ergebnisse der Befragung durch eine vergleichende Analyse der Berichterstattung über vier Missstände im Journalismus – die Skandalierung von Sebnitz, die Veröffentlichung der „Hitler-Tagebücher", die manipulierten Reportagen des Fernsehjournalisten Michael Born sowie die erfundenen Berichte des Auslandsreporters Tom Kummer – mit der Berichterstattung über vier Missstände in anderen Bereichen – den Betrug mit Herzklappen, die Nebenwirkungen von Lipobay, die private Nutzung von dienstlich erworbenen Bonusmeilen und die Vermischung von Privatleben und Amtsführung durch Margret Härtel. Über die Missstände in den Medien brachten die zehn untersuchten Zeitungen und Zeitschriften durchschnittlich 47,7 Beiträge, über die Missstände in den anderen Bereichen durchschnittlich 89,7 Beiträge. Kein Missstand in den Medien wurde auch nur annähernd so häufig thematisiert, wie der Missstand in den anderen Bereichen, der die geringste Beachtung fand (Herzklappen). Falls die Journalisten aber einen Missstand im Journalismus thematisierten, kritisierten sie ihre

Kollegen im Durchschnitt härter als die Urheber der Missstände in den anderen Bereichen. Zusammengefasst folgt daraus: Die Medien thematisierten Missstände in den Medien nur dann, wenn es sich kaum noch umgehen lässt. Folglich ist ihre Kritik in diesen seltenen Fällen besonders stark. Dagegen erfährt man von den meisten Missständen im Journalismus nichts oder nur wenig (Seitz 2004). Trotz dieser Befunde kann man feststellen, dass die Kritik von Journalisten am beruflichen Fehlverhalten von Kollegen in den vergangenen Jahren deutlich zugenommen hat. Dies dürfte eine Folge der gewachsenen Konkurrenz sein, deutet jedoch auch auf eine zunehmende Professionalisierung des Journalismus mit einer entsprechenden Kollegenkritik.

Im Skandal findet schließlich im Unterschied zum geregelten Verfahren eine Revision nicht statt. Die Wortführer verabschieden sich, wenn sich ihre Sichtweise definitiv als falsch oder unhaltbar erweist, in der Regel stillschweigend von der Bühne. Die meisten dieser Skandale verebben nach einiger Zeit, ohne dass man es richtig bemerkt. So hat der *Spiegel*, nachdem er wochenlang einen Klima-GAU als Folge des Golfskrieges vorhergesagt hatte, seine Prognosen nicht revidiert, sondern, als sie sich nicht mehr halten ließen, die Berichterstattung eingestellt (Fritz 1998). Ist ein solcher Abschied nicht möglich, bleiben die Wortführer oft auch dann bei ihrer Sichtweise, wenn sie sich als falsch herausgestellt hat. So verteidigte das Fernsehmagazin *Monitor* seine Darstellung des Todes von Wolfgang Grams auch dann noch, als sie durch mehrere Gutachten mit großer Wahrscheinlichkeit widerlegt worden war (Mocken 1995). Und wehe, wenn die Gerichte nicht so verfahren, wie es die Skandalierer erwarten. So wetterten die Blätter, die sich in der CDU-Spendenaffäre besonders engagiert hatten, gegen die Einstellung des Ermittlungsverfahrens gegen Kohl. Sie forderten, obwohl ihnen sonst die Unabhängigkeit der Justiz heilig ist, politischen Druck auf die Staatsanwaltschaften, die ein Ermittlungsverfahren wegen möglicher Schmiergeldzahlungen beim Verkauf der Leuna-Werke ablehnten, weil solche Straftaten, falls sie vorlagen, längst verjährt waren.

Widersprüche zwischen den Ergebnissen geregelter Verfahren und den Sichtweisen der Skandalierer werden von den Skandalierern den

Institutionen angelastet. Nicht die Skandalierer haben geirrt, sondern die Institutionen. Diese Argumentation ist kein reiner Selbstschutz, sondern folgt logisch aus dem essentialistischen Trugschluss der Skandalierer und ihrer Anhänger. Für die Skandalierer ist die eigene Sichtweise nicht eine von mehreren, sondern die einzig mögliche: Wer die Dinge anders sieht, verfehlt die Realität. Experten müssen aufgrund ihrer Sachkenntnis die Wahrheit kennen und die Sachverhalte so charakterisieren wie die Skandalierer. Wenn sie es dennoch nicht tun, können sie nicht die Wahrheit sagen. Ihre Darstellung muss folglich Gründe haben, die nicht in der Natur der Sache, sondern in den Urteilenden liegen – ihren Interessen und Motiven. Sie geraten folglich in den Verdacht, selbst ein Teil des Skandals zu sein.

Bei Skandalen wird die Wahrheit meist nicht deshalb verfehlt, weil Journalisten lügen. Die Wahrheit wird vor allem deshalb verfehlt, weil die Wortführer und ihr Anhang bedingungslos an die Richtigkeit ihrer Sichtweisen glauben, weil sie in diesem Glauben Übertreibungen im Interesse der guten Sache hinnehmen, die sie normalerweise ablehnen, und weil sie aus dem gleichen Grund Fakten diskreditieren, die ihnen sonst heilig sind. Dies zeigt sich vor allem dann, wenn Tatsachenbehauptungen falsch sind, die auf skandalträchtigen Überzeugungen beruhen – wie im Fall des kleinen Joseph. So hieß es in der *Frankfurter Rundschau* nach der Klärung des Sachverhaltes unbeirrt: „Das Beklemmende ist, dass Sebnitz der plausible Schauplatz einer mörderischen Handlung aus rechtsradikalen Motiven hätte sein können ... Der Sebnitz-Verdacht war indes nicht nur eine illusionäre allein westdeutscher Überheblichkeit entspringende Projektion" (30.11.2000). Die eigene Sichtweise war folglich auch dann noch keine illusionäre Projektion, als sich die davon gesteuerte Tatbeschreibung als falsch erwiesen hatte. Der Ort erschien vielmehr selbst dann noch als plausibler Schauplatz der Gräueltat, als man wusste, dass sie nicht stattgefunden hatte.

Zu den kognitiven Ursachen der Unbeirrbarkeit von Skandalierern kommen sozialpsychologische Gründe. Hierzu gehört die öffentliche Festlegung der Skandalierer auf eine bestimmte Sichtweise. Wer sich in einer bedeutsamen Frage derart exponiert hat, kann davon ohne massive Selbstzweifel nicht abrücken. Zudem würde er die Zurückweisung durch die Glaubensgemeinschaft riskieren, die er mit seiner Darstellung selbst mitbegründet hat. So berichtete Hans Leyendecker, der Haupt-Skandalierer von Helmut Kohl, dass er – nachdem er einen Irrtum in der *Süddeutschen Zeitung* berichtigt hatte – in zahlreichen Leserbriefen von empörten und enttäuschten Lesern massiv kritisiert wurde. Eine weitere Ursache für das Insistieren auf der einmal etablierten Sichtweise ist der Charakter der Anschuldigungen. Mit ihnen bewegen sich die Skandalierer auf der schmalen Grenzlinie zwischen Aufklärung und Verleumdung, und das Eingeständnis des Irrtums würde sie unweigerlich abstürzen lassen. Dabei würden sie genau das verlieren, was sie am meisten beanspruchen – höhere Moralität.

Einzelne Gerichte und Forschungsinstitute mögen irren, und sie tun das immer wieder. Das Rechtswesen und die Wissenschaft sind jedoch als Institutionen auf Wahrheit angelegt. Je mehr Personen und Institutionen an der Suche beteiligt sind, desto eher kommen sie zum Ziel. Für die Journalisten als Institutionen gilt im Skandal das Gegenteil. In fast allen Skandalen entdecken, dokumentieren und analysieren einzelne Journalisten Missstände und ihre Ursachen, und sie leisten damit einen erheblichen Beitrag zur Wahrheitsfindung. Die Medien insgesamt sind dazu jedoch kaum in der Lage. Je mehr Journalisten sich an der Skandalierung von Missständen beteiligen und je intensiver sie das tun, desto mehr entfernt sich das, was die Masse der Medien der Masse der Bevölkerung präsentiert, von dem, was man aus der Distanz betracht als Wahrheit bezeichnen kann. Der Grund hierfür liegt nicht im individuellen Unvermögen einzelner Journalisten, sondern in der Eigendynamik des Mediensystems. Was im Skandal allgemein als Wahrheit erscheint und von der Allgemeinheit für die Wahrheit gehalten wird, ist oft das Gegenteil dessen, was sich in einem geregelten Verfahren als Wahrheit herausstellt. Wenn einzelne Journalisten im Skandal die Wahrheit präsentieren, was immer wieder geschieht, dann nicht wegen, sondern trotz der Berichterstattung der Masse der Medien.

Skandale sind Kunstwerke mit klaren Botschaften und starken emotionalen Appellen. Die Skandalierung von Missständen ist eine Kunst, und die Skandalierer sind viel eher Künstler als Analytiker –

Geschichtenerzähler, die einem disparaten Geschehen subjektiven Sinn verleihen und dadurch für die Allgemeinheit nachvollziehbar machen. Die Skandalierer bewegen sich damit weniger im Grenzbereich zwischen Journalismus und Wissenschaft oder zwischen Journalismus und Recht als im Grenzbereich zwischen Journalismus und Literatur. Darin ähneln sie den Vertretern des „New Journalism". Dennoch unterscheiden sich die aufwühlenden Darstellungen der Skandalierer fundamental von den unterkühlten Berichten eines Truman Capote oder Tom Wolfe, die alles andere als moralische Empörung hervorrufen: Während letztere nüchterne Reportagen in Form von Romanen verfasst haben, schreiben erstere erregende Romane in Form von Reportagen.

Entwicklungsgeschichtlich ist die Skandalierung von Missständen eine archaische Maßnahme zur Ausschaltung von Akteuren, die schuldhaft gefehlt haben. Dies gilt auch für den modernen Medienpranger. Er ist im Unterschied zum mittelalterlichen Pranger aber keine Strafe als Konsequenz eines geregelten Verfahrens. Der Medienpranger geht vielmehr einem geregelten Verfahren voraus und ersetzt es vielfach. Zudem reicht seine Wirkung aufgrund der modernen Technologie weit darüber hinaus. Theoretisch ist er räumlich unbeschränkt, was ihm eine völlig neue Qualität verleiht: Was dem Medienpranger an physischer Gewalt fehlt, gleicht er durch psychische Gewalt aus. In beiden Fällen ist jedoch die Anprangerung kein Erkenntnisverfahren, sondern ein Machtmittel. Dies zeigt sich spätestens dann, wenn skandalträchtige Sichtweisen durch systematisch gewonnene Ergebnisse in Frage gestellt werden. Dann geht es nicht mehr um die Aufklärung, sondern um die Deutungshoheit. Es geht darum, wer die gesellschaftlich relevanten Wahrheiten wie feststellt, wer auf welche Weise ermittelt, was wir als Realität akzeptieren. Deshalb münden viele große Skandale in einen Konflikt zwischen der Wahrheitsfindung in geregelten Verfahren und intuitiven Realitätsdeutungen sowie zwischen den Institutionen, die verfahrensmäßig vorgehen, und den Medien, die sich im Skandal weder an die üblichen Verfahrensregeln der Medien halten noch an andere Restriktionen gebunden fühlen. Die wachsende Zahl von Skandalen verweist deshalb vor allem auf das, worum es jenseits ihrer konkreten Anlässe geht – einen latenten Machtkampf zwischen konkurrierenden Institutionen mit unterschiedlichen Handlungsprinzipen. Diesen Sachverhalt und die in ihrem Kern anti-institutionelle Haltung überzeugter Skandalierer hat Rudolf Augstein in seinem Vorwort zur Darstellung der Flick-Affäre kurz und prägnant auf den Begriff gebracht: „Geben wir unserem Gemeinwesen noch eine Chance, erschüttern wir den Staat!" (Kilz/Preuss 1983, 12).

14 Nutzen des Schadens

Die Skandalierung von Missständen stellt nach einer weit verbreiteten Überzeugung für die Gesellschaft generell einen Wert dar: Sie zeigt, dass auch Mächtige allgemein anerkannte Regeln nicht ungestraft verletzen können. Dadurch bekräftigt sie das Vertrauen in die Selbstreinigungskräfte der Gesellschaft. Zudem schreckt sie potenzielle Täter ab. Dadurch stärkt sie die Geltungskraft der sozialen Normen. Aus den genannten Gründen erfüllt die Skandalierung selbst dann eine wichtige soziale Funktion, wenn die Vorwürfe im Einzelfall übertrieben sind. Im Mittelpunkt dieser funktionalistischen Skandaltheorie stehen die manifesten Funktionen der Skandale – ihre beabsichtigten und wahrgenommenen Auswirkungen auf die Gesellschaft (Gronbeck 1985; Markovits/Silverstein 1989; Käsler 1989; Edelman 1990).

Indem die Massenmedien Missstände anprangern, kompensieren sie Defizite anderer Institutionen, die bei der Aufdeckung, Verfolgung und Ahndung von Normverletzungen aller Art versagen – der Polizeibehörden und Staatsanwaltschaften, der Parlamente und Parteien, der Zulassungs- und Kontrollbehörden. Die Skandalierung von Missständen durch die Massenmedien ist folglich ein funktionales Äquivalent zur Tätigkeit dieser Institutionen, und sie ist um so notwendiger, je häufiger die dafür vorgesehenen Kontrollorgane versagen. Nach dieser Auffassung zeigen die Häufigkeit und die Größe der Skandale das Ausmaß der Funktionsdefizite des Staates an. Zugleich belegen sie die Funktionsfähigkeit der Massenmedien: Je mehr Missstände sie anprangern, desto besser erfüllen sie ihre Aufgabe.

Die erfolgreichen Skandalierer unter den Journalisten genießen deshalb vor allem innerhalb des Journalismus hohes Ansehen. Dies trifft vor allem auf die Leitfiguren des investigativen Journalismus zu, Bob Woodward und Carl Bernstein, die mit der Watergate-Affäre Richard Nixon zu Fall gebracht haben (Engel Lang/Lang 1983). Es gilt jedoch auch für erfolgreiche Vertreter des investigativen Journalismus in Deutschland wie Hans Leyendecker, Michael Stiller und andere. In allen Fällen scheint die Bewunderung der Kollegen allerdings nicht nur ihren journalistischen Leistungen zu gelten, sondern auch ihrer gesellschaftlichen Rolle: Ihnen gelingt, was viele Journalisten wollen, aber nur wenige offen zugeben. Sie bewegen etwas, üben reale Macht aus. Sie beschreiben und erklären die Welt nicht nur, sie verändern sie.

Der funktionalistischen Skandaltheorie liegt eine ähnliche Argumentationsfigur zugrunde wie der funktionalistischen Straftheorie. Danach führt die Aufdeckung und Bestrafung von Straftaten dazu, dass die Gesetze eingehalten werden. Deshalb sollten alle Straftaten angezeigt und aufgeklärt sowie alle Straftäter gefasst und verurteilt werden. Je besser dies gelingt, desto besser ist die Bewahrung von Recht und Ordnung gesichert. Gegen die funktionalistische Straftheorie haben Soziologen, wie Wilbert E. Moore und Melvin M. Tumin (1949) sowie Heinrich Popitz (1968), eingewandt, dass die Geltung von sozialen Normen auch auf der Unwissenheit über das tatsächliche Ausmaß ihrer Verletzung beruht: Wenn jeder wüsste, wie häufig soziale Normen tatsächlich gebrochen werden, würden sie noch öfter verletzt werden, als dies ohnehin geschieht. Nach Popitz könnte „kein System sozialer Normen ... einer perfekten Verhaltenstransparenz ausgesetzt werden, ohne sich zu Tode zu blamieren. Eine Gesellschaft, die jede Verhaltensabweichung aufdeckt, würde zugleich die Geltung ihrer Normen ruinieren." Nur weil wir einen Großteil der Normverletzungen nicht kennen, können wir den Geltungsanspruch der Norm aufrechterhalten. Popitz spricht deshalb von einer „Präventivwirkung des Nichtwissens": Das Nichtwissen um das volle Ausmaß der Normverletzungen „ermöglicht ein Ausweichen, eine Entdramatisierung – eine Unschärfe-Relation des sozialen Lebens, die letztlich ebenso der guten Meinung dient, die wir uns voneinander, wie der, die wir uns von unserem Normensystem bilden. Tiefstrahler können Normen nicht ertragen, sie brauchen etwas Dämmerung" (Popitz 1968, 12).

Popitz hat seine Argumente für das Jahr 1962 mit empirischen Daten belegt. Nach seinen Schätzungen, die unter anderem auf der offiziellen Kriminalstatistik beruhen, begingen damals innerhalb eines Jahre vier Prozent der strafmündigen Personen strafrechtlich relevante Betrugsdelikte, 17 Prozent verübten einfache oder schwere Diebstähle. Die Dunkelziffer, also die Zahl der nicht bekannt gewordenen Straftaten, lag in beiden Fällen jedoch über 90 Prozent: Von den schätzungsweise 7,6 Millionen Diebstählen blieben ca. 6,9 Millionen unbekannt, weil sie nicht entdeckt oder nicht angezeigt worden waren. Von allen Tätern wurden nur etwa 240.000 bekannt und von ihnen nur etwa 75.000 verurteilt – das entsprach etwa einem Prozent aller Täter. Wären alle Straftaten bekannt geworden und alle Täter wirklich bestraft worden, wäre ein erheblicher Teil der Bevölkerung kriminalisiert worden. Popitz folgerte aus diesen Daten und ähnlichen Befunden für zahlreiche andere Straftaten: „Werden allzu viele an den Pranger gestellt, verliert nicht nur der Pranger seine Schrecken, sondern auch der Normbruch seinen Ausnahmecharakter und damit den Charakter einer Tat, in der etwas ‚gebrochen‘, zerbrochen wird" (Popitz 1968, 17).

Sprechen die Einwände gegen die funktionalistische Straftheorie auch gegen die funktionalistische Skandaltheorie? Verliert der Pranger seinen Schrecken, wenn zu viele skandaliert werden? Dies ist aufgrund des Täterkreises eher unwahrscheinlich: Bei den skandalierten Personen handelt es sich meist um Mitglieder von gesellschaftlichen Eliten – Entscheider in Politik, Verwaltung und Wirtschaft. Die Zahl der potenziellen Täter ist folglich im Unterschied zu den „normalen" Straftätern, die Popitz im Auge hat, sehr klein. Entsprechend groß ist das Risiko der Handelnden, dass Regelverstöße entdeckt und angeprangert werden. Zudem ist das Ausmaß der Skandalierung im Unterschied zur Schwere der Strafe kaum kalkulierbar. Dies spricht theoretisch für eine Präventivwirkung der Skandalierung von Missständen. Zahlreiche praktische Beispiele sprechen allerdings dagegen.

Der Skandal um die Parteienfinanzierung in den frühen achtziger Jahren hat Helmut Kohl nicht daran gehindert, anonyme Spenden für die Finanzierung der CDU in den neuen Ländern anzunehmen. Der Skandal um die staatliche Finanzierung privater Dienstleistungen hat Johannes Rau nicht daran gehindert, seine Dienstreisen mit privaten Abstechern zu verbinden. Sie hat auch Kurt Biedenkopf nicht davon abgehalten, seinen Koch fern der Hauptstadt in seinem Privathaus zu beschäftigen. Der Skandal um die unsachgemäße Prüfung von Spender-Blut auf HIV-Viren in Frankreich hat unsachgemäße Tests in Deutschland nicht verhindert. Die BSE-Krise Mitte der neunziger Jahre hat nicht alle Bauern davon abgeschreckt, auch nach dem Verbot Tiermehl an Rinder zu verfüttern. Der Kokain-Skandal um Christoph Daum hat weder Michel Friedman noch Jörg Immendorff am Kokaingenuss gehindert usw. Die Liste der Beispiele ließe sich fortsetzen. Einen Gegenbeweis für die Ausgangsthese liefert dies dennoch nicht.

Solange gesellschaftliche Regeln existieren, wird es Regelverstöße geben. Sie gehören zur Natur der Sache. Andernfalls würde es sich nicht um soziale Normen, sondern um deterministische Gesetze handeln, denen jeder folgen muss. Einzelne Regelverstöße lassen folglich nicht den Schluss zu, dass die Sanktionen generell unwirksam sind. Auch dann, wenn sie wirken, wird es Verstöße geben. Zudem lässt sich nicht immer eindeutig klären, ob es sich bei den später skandalierten Verhaltensweisen wirklich um Regelverstöße oder um Grenzfälle handelte, die kaum vermeidbar waren. Dies gilt z. B. für die Mischung von Politikerreisen aus beruflichen und privaten Anlässen. Schließlich können frühere Skandale auch dann spätere Regelverletzungen verhindert haben, wenn sie missachtet wurden: Möglicherweise wären die Regeln noch öfter verletzt worden, wenn es die Skandale nicht gegeben hätte.

Die Skandalierung von Missständen unterscheidet sich in einer weiteren Hinsicht von der Bestrafung von Rechtsbrüchen: Dort geht es ausschließlich um den Bruch geltenden Rechts. Hier geht es jedoch um die unzureichende Anwendung geltender Regeln, wodurch Missstände und Risiken bestehen bleiben, die längst beseitigt sein könnten. Nach der funktionalistischen Skandaltheorie erzwingt der Skandal die effektive Anwendung der Regeln, bewirkt zuweilen auch ihre Verbesserung und verhindert dadurch gesellschaftliche Schäden. Im Unterschied zur Präventivwirkung der Gesetze, die einer Missachtung von Normen vorbeugt, handelt es sich hier um einen Mobilisierungseffekt, der die Umsetzung von

Normen sichert. Auch er zielt auf Entscheider in allen Bereichen der Gesellschaft, der Politik, Verwaltung und Wirtschaft und betrifft folglich einen relativ kleinen Teil der Bevölkerung.

Für die Existenz von Mobilisierungseffekten sprechen die gleichen Gründe wie für die Existenz einer Präventivwirkung. Allerdings dürften diese Effekte kleiner sein, weil die Risiken von untätigen Entscheidern geringer sind als die Risiken von Entscheidern, die aktiv gegen geltende Regeln verstoßen. Deshalb dürften nur relativ große Skandale einen Mobilisierungseffekt ausüben – und genau darauf deuten zwei der genannten Fälle – die Umsetzung von Schutzmaßnahmen gegen BSE-Erkrankungen als Konsequenz des BSE-Skandals im Winter 2000/2001 und die genauere Untersuchung von Spenderblut auf HIV-Viren als Konsequenz aus dem AIDS-Blut-Skandal von 1983 (Schmitt 1994). Ein weiteres Beispiel ist die Abschaffung der Umwegfinanzierung von Parteien über die Staatsbürgerliche Vereinigung als Konsequenz des Parteispendenskandals zu Beginn der achtziger Jahre. In allen Fällen kompensierten die Medien durch die Skandalierung Funktionsmängel anderer Institutionen, wobei im Einzelfall die Verhältnismäßigkeit der Mittel zur Diskussion steht. Dies führt zum Kern der Problematik.

Skandale besitzen vor allem dann eine Präventivwirkung und sie haben vor allem dann einen Mobilisierungseffekt, wenn die Missstände stark übertrieben dargestellt werden, und wenn die Vorwürfe gegen die Entscheider weit über das sachlich gerechtfertigte Maß hinausgehen. Sie leben sozusagen von der Übertreibung im Dienst an der guten Sache. Die Funktionsweise der Skandalierung entspricht damit der Wirkweise der „punitive damages", der extrem hohen Schadensersatzleistungen im amerikanischen Zivilrecht. In beiden Fällen geht es weniger um Gerechtigkeit für die Regelverletzer als um die Abschreckung Dritter. Im Unterschied zu den „punitive damages" sind die Folgen von Skandalberichten jedoch nicht immer begrenzt und beabsichtigt.

Gelegentlich gehen die Auswirkungen von Skandalen auf die Skandalierten aufgrund ihrer Eigendynamik weit über das sachlich begründete Maß hinaus. Gelegentlich treten dabei auch Folgen ein, die vermutlich niemand beabsichtigt hat. Das markanteste Beispiel für beide Fälle ist der Tod von Uwe Barschel. In einem Land, das weder die Todesstrafe vorsieht noch den rituellen Selbstmord kennt, stünde der Tod des Beschuldigten auch dann nicht in einem vertretbaren Verhältnis zu seinen Verfehlungen, wenn alle Vorwürfe, die gegen ihn erhoben wurden, richtig gewesen wären – was im Falle Barschels nicht zutrifft. Die Barschel-Affäre und nicht die Skandalierung von Sebnitz ist deshalb der Super-GAU des deutschen Skandaljournalismus. In die gleiche Kategorie gehört auch der Tod Jürgen W. Möllemanns, sofern er nicht Opfer eines Unfalls wurde. Gegen diese Argumentation kann man einwenden, kein Journalist habe den Tod Barschels und Möllemanns gewollt. Dies ist richtig, gilt jedoch in gleichem Maße für Innenminister Seiters und Generalbundesanwalt von Stahl, die den Tod von Grams auch nicht wollten und doch dafür geradestehen mussten.

Die „punitive damages" unterscheiden sich von den Skandalfolgen auch dadurch, dass sie nur die Schuldigen treffen, während unter den Skandalfolgen häufig auch andere zu leiden haben. Besonders deutlich wird dies an den finanziellen Folgen von skandalinduzierten Panikreaktionen, die die Allgemeinheit tragen muss. Als Folge der Skandalierung von 5.000 Tonnen Molke, die durch den Reaktorunfall bei Tschernobyl schwach radioaktiv belastet war, und der dadurch ausgelösten Hysterie ließ das Bundesumweltministerium den „Atommüll" (*Stern* 12.2.1987) für nahezu 60 Millionen DM zunächst in 242 Eisenbahn-Waggons im Land herumfahren und dann in einer eigens gebauten Anlage entsorgen, die danach verkauft und verschrottet wurde. Diese und ähnliche Folgekosten waren jedoch minimal im Vergleich zu den Schäden durch die Dramatisierung der Gefahren durch BSE 2000/2001. Als Folge der induzierten Ängste ging die Nachfrage nach Rindfleisch um über 50 Prozent zurück. Etwa 80.000 Rinder wurden auf Kosten der Steuerzahler getötet und zur Stützung des Marktes verbrannt, obwohl sie nicht infiziert waren. Ein halbes Jahr später verzeichnete die Bundesanstalt für Arbeit unter anderem deshalb ein Milliardenloch in ihrem Haushalt, weil aufgrund des BSE-Skandals die Kurzarbeit erheblich zugenommen hatte. Der SARS-Skandal hat bei der Lufthansa dazu geführt, dass im April 2003 im Vergleich zum Vorjahresmonat im

Asienverkehr 200.000 Fluggäste fehlten. Das entsprach einem Rückgang von 19,4 Prozent. Die Mindereinnahmen betrugen pro Woche etwa 50 Millionen Euro, wobei jedoch ein Teil der Ausfälle auf den Irak-Krieg zurückging. Neben negativen finanziellen Folgen besitzen anprangernde Darstellungen zuweilen Nebenwirkungen, die vermutlich den meisten Autoren der Beiträge nicht bewusst sind. So mussten in Deutschland im Laufe der Jahre ca. 20.000 psychisch Kranke, die sich in postklinischer Behandlung befanden, erneut in psychiatrische Anstalten eingewiesen werden, weil sie aufgrund von spektakulären Medienberichten die ihnen verordneten Medikamente abgesetzt und schwere Rückfälle erlitten hatten (Linde/Kepplinger/Ehmig 1996).

Die zentrale Annahme der funktionalistischen Skandaltheorie betrifft die Auswirkung von Skandalen auf das Vertrauen in die Selbstreinigungskräfte der Gesellschaft. Sie kann man anhand von empirischen Untersuchungen diskutieren. Hierzu gehören Vergleiche zwischen der Häufigkeit von politischen Skandalen und den Ansichten der Bevölkerung über die politischen Eliten. In Deutschland bestanden in den siebziger und achtziger Jahren deutliche Zusammenhänge zwischen der wachsenden Zahl politischer Skandale und den Vorstellungen der Bevölkerung von den führenden Politikern. Allerdings widersprechen sie den Annahmen der funktionalistischen Skandaltheorie. Mit der Zahl der politischen Skandale verminderte sich die Wertschätzung der Politiker: Der Anteil derer, die der Ansicht waren, ein Bundestagsabgeordneter müsse „große Fähigkeiten haben", ging von 65 Prozent (1972/73) auf 39 Prozent (1992/93) zurück. Dagegen nahm die Überzeugung zu, dass Bundestagsabgeordnete nicht in erster Linie die „Interessen der Bevölkerung" vertreten. Der Anteil derer, die davon überzeugt waren, dass sie vor allem „persönliche Interessen" vertreten, stieg von 15 Prozent (1978/79) auf 33 Prozent (1992/93). Zudem schwand das Vertrauen in die Wahrhaftigkeit der führenden Politiker. Der Kreis derer, die „kein Vertrauen" in sie besaßen, weil sie es „schon zu oft erlebt" hatten, „dass sie nicht die Wahrheit" sagten, stieg von 33 Prozent (1976/77) auf 57 Prozent (1992/93). Gleichzeitig mit dem Ansehensverlust der Politiker verringerte sich die Wertschätzung des politischen Engagements der Bürger. Der Anteil derer, die das politische Engagement von Frauen „sympathisch" fand, ging von 65 Prozent (1976/77) auf 45 Prozent (1992/93) zurück. Noch mehr Anerkennung verlor das politische Engagement von Männern (Kepplinger 1996).

Jede Demokratie lebt letztlich vom Engagement ihrer Bürger, wobei man theoretisch und praktisch davon ausgehen muss, dass die Einzelnen damit auch ihre eigenen Interessen verfolgen. Dies trifft auch auf die Spendenbereitschaft zu. Sie wird jedoch durch die exzessive Skandalierung von illegalen Parteispenden, z. B. der Zahlungen an Kohl, und der Bestechung von Lokalpolitikern, z. B. der Zahlungen an SPD-Politiker in NRW, untergraben, die rechtlich bei weitem nicht so bedeutsam sind wie einige Politiker und ein Teil der Medien suggerierten. Ein Grund für die negativen Auswirkungen der massiven Anprangerung von einzelnen Missständen besteht darin, dass die Bevölkerung die Einzelfälle verallgemeinert. So glaubten vor der Skandalierung dieser Missstände (1999) 58 Prozent der Bevölkerung, politische Entscheidungen würden durch Spenden erkauft, nachher (2002) waren es 72 Prozent. Mehr als die Hälfte der Bevölkerung (56 %) hielt dies im Frühjahr 2002 keineswegs für ein lokales Problem. Sie glaubten, dass „darin auch SPD-Bundespolitiker verstrickt" waren. Die Verallgemeinerung von spektakulär präsentierten Einzelfällen bestätigen auch die Antworten auf die Frage, ob „Filz", die Postenbesetzung nach dem Parteibuch, in Deutschland allgemein bzw. in der eigenen Region „weit verbreitet" ist. Dass Filz in der eigenen Region weit verbreitet ist, meinten im April/Mai 2002 nur 37 Prozent, dass er in Deutschland weit verbreitet ist, aber 62 Prozent (Noelle-Neumann 2002). Die angedeuteten Zusammenhänge zwischen der Skandalierung von Missständen und der Bevölkerungsmeinung lassen sich zwar nicht zweifelsfrei beweisen, durch statistische Analysen aber erhärten (Friedrichsen 1996; Wolling 2001).

Vergleichbare Erkenntnisse liegen aus den USA vor. Auch dort widersprechen die empirischen Befunde den theoretischen Annahmen der funktionalistischen Skandaltheorie: Zwischen 1966 und 1982 verfiel in Phasen mit politischen Skandalen sowie wirtschaftlichen und politischen Krisen das Vertrauen in die Exekutive. Zugleich nahm das Vertrauen in die Medien zu (Lipset/Schneider 1983). Ähnliche Wechselwirkungen belegen Analysen einzelner Skandale. Die Skandalierung des Fehlverhaltens von Fernsehpredigern besaß 1987/88 einen markanten Einfluss auf die Gläubigen. Sie schmälerte generell das Vertrauen in religiöse Führer und verminderte die Bereitschaft zur aktiven Teilnahme an religiösen Zeremonien. Dagegen hatte sie keinen Einfluss auf die Nutzung kirchlicher Fernsehsendungen, die eine wesentliche Quelle der skandalierten Verfehlungen waren (Smith 1992). Auch für die USA belegen statistische Analysen, dass die Skandalierung von politischen Institutionen das Vertrauen der Bevölkerung in die politischen Institutionen schwächt (Chanley/Rudolph/Rahn 2000).

Betrachtet man das Vertrauen in die Eliten und Institutionen als ein Anzeichen für das Vertrauen in die Selbstreinigungskräfte des politischen Systems, kann man mit großer Sicherheit ausschließen, dass die Skandalierung das Systemvertrauen fördert. Mit großer Wahrscheinlichkeit trifft das Gegenteil zu. Die Skandalierung fördert eher das Misstrauen als das Vertrauen und ruft eher resignative Apathie als kritisches Engagement hervor. Die einzige Institution, deren Ansehen mit der Häufigkeit und Intensität der Skandale wächst, sind die Medien, die ihr Ansehen auf Kosten der skandalierten Institutionen vergrößern. Dies zeigt sich auch bei der Berichterstattung über Katastrophen: Je dramatischer die Darstellungen sind, desto mehr steigt die Glaubwürdigkeit der Journalisten auf Kosten von Experten.

Die wichtigste Folgerung aus der funktionalistischen Skandaltheorie lautet, dass alle Missstände von den Medien aufgedeckt und skandaliert werden sollten. Würde das die erwarteten Konsequenzen zeitigen? Eine Antwort auf diese Frage gibt die quantitative Analyse der Missstands- und Skandalhäufigkeit in Deutschland. Von allen bekannten Missständen werden – wie in Kapitel 7 dargestellt wurde – in Deutschland ca. fünf bis zehn Prozent skandaliert. Nicht alle Missstände eignen sich für eine Skandalierung – einige Sachverhalte werden nur von einem Teil der Bevölkerung als Missstand angesehen. Einige Missstände sind zu unbedeutend, um größere Beachtung zu finden. Bei einigen Missständen handelt es sich um Strukturprobleme, deren Ursachen nicht eindeutig benannt werden können usw. Aus diesen und anderen Gründen scheidet vermutlich die Hälfte der Missstände aus dem Kreis der potenziellen Skandale aus. Im Kreis der potenziellen Skandale verbleiben danach ca. 45 bis 47 Prozent aller Missstände, die bisher nicht skandaliert wurden, dazu aber die Voraussetzungen besitzen. Würden alle diese Missstände skandaliert, würde sich die Zahl der Skandale verfünf- bis verzehnfachen. Vermutlich ist diese Schätzung eher zu niedrig als zu hoch, weil die Urteilskriterien im Laufe der Zeit ohnehin strenger und die Schwellen für die Skandalierung von Missständen dementsprechend niedriger werden.

Aus diesen Daten kann man einige Folgerungen ableiten, die zum Teil auch die theoretischen Annahmen relativieren, die zuvor entwickelt wurden. Eine Verfünf- oder Verzehnfachung der Skandale würde angesichts der bekannten Zusammenhänge die Zweifel an Politik, Wirtschaft und Wissenschaft eher vergrößern als verkleinern und darüber hinaus den Glauben an die Geltung der relevanten Normen eher schwächen als stärken. Sie würde einen erheblichen Teil der Entscheider in allen betroffenen Bereichen stigmatisieren und die skandalwürdigen Missstände alltäglich erscheinen lassen. Die Zunahme der Skandale würde damit wahrscheinlich die Präventivwirkung und die Motivationseffekte der Skandale vermindern. Deshalb gilt auch für den Skandal, was Popitz für den Strafprozess feststellt: „Die positiven Folgen des Prangers sind nur wahrscheinlich, wenn er selten ist. Die Strafe kann ihre soziale Wirksamkeit nur bewahren, solange die Mehrheit nicht bekommt, was sie verdient" (Popitz 1968, 20).

Überblickt man die Gründe, die für und gegen die funktionalistische Skandaltheorie sprechen, muss man feststellen, dass sie nur teilweise und nur unter bestimmten Bedingungen zutrifft. Richtig ist vermutlich die These einer Präventivwirkung. Richtig ist vermutlich auch die These eines Motivationseffektes. Beides gilt aber nur, wenn nicht alle Missstände skandaliert werden. Falls die Zahl der Skandale einen bestimmten, unbekannten Wert übersteigt, dürften ihre Präventivwirkung und ihr Motivationseffekt geringer werden. Falsch ist die These, dass die Aufdeckung und Skandalierung von Missständen per se den Glauben an die Selbstregulierungskräfte einer Gesellschaft und die Geltungskraft ihrer Normen stärkt. Nach allem, was man sehen kann, tritt eher das Gegenteil ein. Zudem besitzen Skandale zuweilen Nebenwirkungen, die schwer wiegender sein können als die Missstände, die durch die Skandalierung beseitigt werden sollen.

In der Diskussion über die Auswirkungen von Skandalen spielen die Journalisten eigentümlicherweise keine Rolle, obwohl Skandale kurzfristig ihre Berufstätigkeit massiv beeinflussen: Sie verstärken die Kollegenorientierung, relativieren die Geltungskraft der Berufsnormen und wirken sich folglich auf die aktuelle Berichterstattung aus. Skandale besitzen jedoch auch langfristige Einflüsse auf den Journalismus, weil sie das Selbstverständnis von Journalisten prägen. Zwei Drittel der deutschen Journalisten (69 %) äußerten 1989 auf die Frage, was „das Selbstverständnis und die Arbeitsweise von Journalisten ... in der BRD in den letzten zwanzig oder dreißig Jahren geändert" habe: „die Aufdeckung von Skandalen" wie die Flick-Affäre und die Affäre um die Neue Heimat. Je jünger die Journalisten waren, desto häufiger waren sie dieser Überzeugung. Unter den jüngsten Journalisten (23 bis 38 Jahre) war die Aufdeckung von Skandalen der am meisten genannte Grund für den Wandel des deutschen Journalismus. Die vorangegangenen Skandale haben demnach die nachwachsende Generation geprägt und dadurch die Neigung zur Skandalierung von Missständen erhöht (Ehmig 2000).

Eine Schlüsselstellung besaß in diesem Prozess die „*Spiegel*-Affäre" des Jahres 1962. Von den Journalisten, die die Verhaftung von Rudolf Augstein miterlebt und den Rücktritt von Franz Josef Strauß verfolgt hatten, war ein gutes Drittel (39 %) der Ansicht, dass diese Auseinandersetzung das Selbstverständnis und die Arbeitsweise der deutschen Journalisten geprägt hat. Von ihren jungen Kollegen, die schon aufgrund ihres Alters den aktuellen Bericht des *Spiegel* über das NATO-Manöver „Fallex 62" nicht lesen konnten und das Geschehen meist nur aus den Berichten anderer kannten, waren es mehr als die Hälfte (52 %). Die Schilderungen anderer haben aus einem bedeutsamen Ereignis einen journalistischen Mythos gemacht, der längst ein Eigenleben führt. Die heutige Rezeption der *Spiegel*-Affäre ist für die Berufsauffassung der jüngeren Redakteure deshalb mindestens so wichtig wie das damalige Geschehen.

Der langfristige Einfluss von Skandalen auf das berufliche Selbstverständnis von Journalisten besitzt Folgewirkungen, die weit über den Journalismus hinausreichen. Die Berichterstattung der Medien ändert sich, weil sich das berichtete Geschehen ändert. Dies ist trivial und verdient keine weitere Beachtung. Das berichtete Geschehen ist jedoch vielfach selbst eine Folge der Berichterstattung: Die Medien skandalieren Personen, die skandalierten Personen regieren darauf und die Medien berichten über die Reaktionen. Zudem liefert die Erwartung, dass die Medien berichten, eine Handlungsmotivation: Politiker und andere Personen versprechen sich einen Vorteil davon, wenn die Medien bestimmte Themen aufgreifen. Folglich liefern sie die Vorlagen dazu. Dabei orientieren sie sich am Publikationsinteresse der Medien. Das Publikationsinteresse ändert sich mit den Wettbewerbsverhältnissen der Medien, dem Selbstverständnis der Journalisten sowie mit den politischen Präferenzen von Verlegern, Intendanten und Redakteuren. Politiker und andere Personen, die sich einen Vorteil von der Berichterstattung versprechen, passen ihr Verhalten den veränderten Bedingungen an. Deshalb gilt auch die Umkehrung der Ausgangsthese: Das Geschehen ändert sich, weil sich die Berichterstattung ändert.

Wenn die Chancen steigen, durch die Skandalierung anderer die eigenen Ziele zu erreichen, erhöht sich die Wahrscheinlichkeit derartiger Versuche. Seit den späten sechziger Jahren wächst deshalb im Gefolge der zunehmenden Zahl politischer Skandale die Neigung von Politikern zur Skandalierung von Konkurrenten. Einen ersten Vorgeschmack lieferte 1973 die Demontage Willy Brandts durch Herbert Wehner, die den Weg für die Skandalierung seiner Frauenaffären bahnte (Zons 1984). Den vorläufigen Höhepunkt der Entwicklung bildete 1999/2000 die Skandalierung der anonymen Spenden an Helmut Kohl, die von führenden CDU-Politikern wie Heiner Geißler und Angela Merkel durch alarmierende Interpretationen und erwartungssteigernde Forderungen angeheizt wurde. Dies ist jedoch nur die Spitze eines Eisberges, weil die Skandalierung des

Gegners auch auf Länderebene längst zu den Mitteln des politischen Machtkampfes gehört. Beispiele hierfür liefern die nahezu zeitgleichen Skandalierungen der Ministerpräsidenten von Nordrhein-Westfalen, Wolfgang Clement, und von Sachsen, Kurt Biedenkopf, durch Politiker der jeweiligen Oppositionsparteien.

Der Einfluss früherer Skandale auf das Selbstverständnis von Journalisten und auf das Verhalten der gesellschaftlichen Akteure weckt Zweifel an zwei weiteren Annahmen der funktionalistischen Skandaltheorie. Hierbei handelt es sich um die These, dass die Zahl und Größe der Skandale Anzeichen für die Funktionsdefizite anderer Institutionen und für die Funktionsfähigkeit der Medien sind. Die Zahl und die Größe der Skandale hängt weder allein von der Zahl und der Größe der Missstände ab, noch vom Ausmaß der Funktionsdefizite anderer Institutionen. Sie ist vielmehr auch – und vermutlich sogar vor allem – eine Folge des jeweils vorherrschenden Selbstverständnisses im Journalismus sowie der durch die Berichterstattung prämierten Verhaltensweisen: Wenn die Bereitschaft zur Skandalierung von Missständen steigt, nimmt die Zahl der Skandale auch dann zu, wenn die Zahl der Missstände gleich bleibt. Die zunehmende Zahl der Skandale reflektiert deshalb aller Wahrscheinlichkeit nach vor allem Veränderungen in den Medien sowie Veränderungen, die durch die Berichterstattung der Medien hervorgerufen werden.

Vergleicht man die positiven mit den negativen Folgen von Skandalen, wird deutlich, dass die Nutzen-Schadens-Bilanz von Skandalen höchst fragwürdig ist. Gäbe es eine Produkthaftung für Skandalberichte, die aus mehreren Gründen nicht wünschenswert ist, wären einige Medien in kurzer Zeit konkursreif. Aus der problematischen Nutzen-Schadens-Bilanz folgt keineswegs, dass die Massenmedien gravierende Missstände nicht anprangern sollten. Dies ist wie zahlreiche der hier angesprochenen Beispiele belegen, vielfach der einzige Weg zu ihrer Beseitigung. Die Skandalierung von Missständen stellt jedoch keinen Wert an sich dar, und der Nutzen der Skandalierung steigt auch nicht mit der Zahl der Skandale. Ob die Skandalierung von Missständen gerechtfertigt ist, hängt letztlich davon ab, ob der Missstand in der behaupteten Weise existiert, ob das Ausmaß der

Skandalierung in einem vertretbaren Verhältnis zur Größe des Miss-standes steht, und ob die positiven Folgen der Skandalierung ihre negativen Nebenfolgen rechtfertigen. Auch im Skandal heiligt der Zweck nicht die Mittel.

Literatur

WILFRIED AHRENS: Herrn Nannens Gewerbe. Der Skandal Stern. Eine Chronik. Sauerlach: Ahrens Verlag 1984.

JÜRG ALTWEGG: Requiem für den deutschen Riesen. Blick in französische Zeitschriften: Kohl, Sloterdijk und das Prinzip der Mülltrennung für politische Affären. In *Frankfurter Allgemeine Zeitung*, 19. Februar 2000.

SOLOMON E. ASCH: Änderung und Verzerrung von Urteilen durch Gruppendruck (1951). In Martin Irle, Marion von Cranach, Hermann Vetter (Hrsg.): Texte aus der experimentellen Sozialpsychologie. Darmstadt: Luchterhand 1969, 57-73.

FRANZISKA AUGSTEIN: Die 100.000-Mark-Show. Der Ausschuss lacht und verspielt die Aufklärung. In *Frankfurter Allgemeine Zeitung*, 30. August 2000.

GÜNTER BANNAS: In Gelddingen ist nicht nur Kohl zugeknöpft. Eine Millionenspende von 1980 und der frühere SPD-Schatzmeister Nau. In *Frankfurter Allgemeine Zeitung*, 10. Februar 1999.

HARALD BERENS: Prozesse der Thematisierung in publizistischen Konflikten. Ereignismanagement, Medienresonanz und Mobilisierung der Öffentlichkeit am Beispiel von Castor und Brent Spar. Wiesbaden: Westdeutscher Verlag 2001.

MARTIN BORN, BENNO BERTSCH: Die Maultaschen-Connection. Die außerparlamentarische Wirtschaftspolitik der CDU in Baden-Württemberg. Göttingen: Steidl 1992.

VIRGINIA A. CHANLEY, THOMAS J. RUDOLPH, WENDY M. RAHN: The Origins and Consequences of Public Trust in Government. A Time series analysis. In *Public Opinion Quarterly* 64 (2000), 239-256.

ANDREAS CZAPLICKI: Die Rolle der Westmedien in der Revolution in der DDR. Diss. phil. Mainz 2000.

GREGOR DASCHMANN: Der Einfluss von Fallbeispielen auf Leseurteile. Experimentelle Untersuchung zur Medienwirkung. Konstanz: UVK Medien 2001.

DEUTSCHE SHELL AG (Hrsg.): Die Ereignisse um Brent Spar in Deutschland. Hamburg 1995.

DANIELA DZICK: Pressefotos als Mittel der Skandalierung. Die Darstellung von Jürgen W. Möllemann auf Fotos in skandalierenden und nicht skandalierenden Pressebeiträgen. Magisterarbeit. Mainz: Institut für Publizistik der Johannes-Gutenberg-Universität 2003.

MURRAY EDELMAN: Politik als Ritual. Die symbolische Funktion staatlicher Institutionen und politischen Handelns. Frankfurt am Main, New York: Campus Verlag 1990.

SIMONE CHRISTINE EHMIG: Generationswechsel im deutschen Journalismus. Zum Einfluss historischer Ereignisse auf das journalistische Selbstverständnis. Freiburg im Breisgau, München: Verlag Karl Alber 2000.

GLADYS ENGEL LANG, KURT LANG: The Battle for Public Opinion. The President, the Press, and the Polls During Watergate. New York: Columbia University Press 1983.

PETER EPS, UWE HARTUNG, STEFAN DAHLEM: Von der Anprangerung zum Skandal. Konsensbildung im Fall Werner Höfer. In Otfried Jarren, Heribert Schatz, Hartmut Weßler (Hrsg.): Medien und politischer Prozess. Politische Öffentlichkeit und massenmediale Politikvermittlung im Wandel. Opladen: Westdeutscher Verlag 1996, 103-118.

ULLRICH FICHTNER, STEFAN WILLEKE: Das Feindschaftsspiel. Hoeneß kontra Daum oder die Anatomie eines inszenierten Fußballskandals. In *Die Zeit*, 19. Oktober 2000.

HANS FILBINGER: Die geschmähte Generation. München: Universitas Verlag 1987.

SUSAN T. FISKE, BETH MORLING, LAURA E. STEVENS: Controlling Self and Others: A Theory of Anxiety, Mental Control, and Social Control. In *Personality and Social Psychology Bulletin* 22 (1996), 115-123.

SUSAN T. FISKE, SHELLEY E. TAYLOR: Social Cognition. New York u. a.: McGraw-Hill 1991.

GÜNTER FRANKENBERG: Juristen dürfen keine grundgütigen Gläubiger sein. Transparenz ist Verfassungspflicht der Parteien: Wider den opportunistischen Umgang mit Recht und Grundgesetz. In *Frankfurter Allgemeine Zeitung*, 22. Februar 2000.

MIKE FRIEDRICHSEN: Politik und Parteiverdruß durch Skandalberichterstattung? In Otfried Jarren, Heribert Schatz, Hartmut Weßler (Hrsg.):

Medien und politischer Prozess. Politische Öffentlichkeit und massenmediale Politikvermittlung im Wandel. Opladen: Westdeutscher Verlag 1996, 73-93.

ANTJE FRITZ: Über den Umgang mit Ungewissheit in den Medien. Magisterarbeit. Mainz: Institut für Publizistik der Johannes Gutenberg-Universität 1998.

THOMAS GEIGER, ALEXANDER STEINBACH: Auswirkungen politischer Skandale auf die Karrieren der Skandalierten. In Otfried Jarren, Heribert Schatz, Hartmut Weßler (Hrsg.): Medien und politischer Prozess. Politische Öffentlichkeit und massenmediale Politikvermittlung im Wandel. Opladen: Westdeutscher Verlag 1996, 119-133.

MATTHIAS GEIS, BERND ULRICH: Der Unvollendete: Das Leben des Joschka Fischer. Berlin: Fest Verlag 2002.

HUBERTUS GERSDORF: Unmittelbar bindende Publizitätspflicht der Parteien. In Frankfurter Allgemeine Zeitung, 9. Februar 2000.

RHONDA GIBSON, DOLF ZILLMANN: Exaggerated Versus Representative Exemplification in News Reports. Perception of Issues and Personal Consequences. In Communication Research 21 (1994), 603-624.

SONJA GLAAB: Wie unbeteiligte Zeitungsleser publizistische Kritik an anderen Menschen empfinden. Mainz 2005 (unveröffentlichtes Manuskript).

ANSGAR GRAW, MARTIN LESSENTHIN: Lothar Späth. Politik, Wirtschaft und die Rolle der Medien. Zürich: Orell Füsseli Verlag 1991.

BRUCE E. GRONBECK: Die Rhetorik politischer Korruption. In Christian Fleck, Helmut Kuzmics (Hrsg.): Korruption. Zur Soziologie nicht immer abweichenden Verhaltens. Königstein im Taunus: Athenaeum 1985, 256-281.

UWE HARTUNG: Publizistische Bedingungen politischer Skandale. Mainz 2004 (unveröffentlichtes Manuskript).

GEORG PAUL HEFTY: Verzögerte Aufklärung. Warum fand die CDU-Führung erst jetzt Zeit zur Anhörung Weyrauchs? In Frankfurter Allgemeine Zeitung, 4. Februar 2000.

FRITZ HEIDER: Social Perception and Phenomenal Causality. In Psychological Review 51 (1944), 358-374.

GUIDO HEINEN: Neue Fragen an die SPD und ihre Schatzmeisterin. In Die Welt, 27. September 2000.

WILHELM HENNIS: Unanständig. Die Akte Aktenklau bleibt offen. In *Frankfurter Allgemeine Zeitung*, 5. April 2001.

RALF HOHLFELD: Im Sog des Skandals. In *Journalist* 4/2000, 33-36.

HEINZ HÜRTEN, WOLFGANG JÄGER, HUGO OTT: Hans Filbinger. Der „Fall" und die Fakten. Eine historische und politologische Analyse. Mainz: Von Hase und Koehler 1980.

JOSEF ISENSEE: Das System Kohl – Das System Rau. Grundkurs Demokratie: Wer bricht die Verfassung? In *Frankfurter Allgemeine Zeitung*, 28. Januar 2000.

DIRK KÄSLER: Der Skandal als „Politisches Theater". Zur schaupolitischen Funktionalität politischer Skandale. In Rolf Ebbinghausen, Sighard Neckel (Hrsg.): Anatomie des politischen Skandals. Frankfurt am Main: Edition Suhrkamp 1989, 307–333.

GERO KALT, MICHAEL HANFELD (Hrsg.): Schlecht informiert. Wie Medien die Wirklichkeit verzerren. Fallbeispiele aus den Jahren 1993-1995. Frankfurt: IMK 1995.

HANS MATHIAS KEPPLINGER: Voluntaristische Grundlagen der Politikberichterstattung. In Frank E. Böckelmann (Hrsg.): Medienmacht und Politik. Mediatisierte Politik und politischer Wertewandel. Berlin: Wissenschafts-Verlag Spiess 1989a, 59-83.

HANS MATHIAS KEPPLINGER: Künstliche Horizonte. Folgen, Darstellung und Akzeptanz von Technik in der Bundesrepublik. Frankfurt am Main: Campus Verlag 1989b.

HANS MATHIAS KEPPLINGER: Ereignismanagement. Wirklichkeit und Massenmedien. Zürich: Edition Interfrom 1992.

HANS MATHIAS KEPPLINGER: Am Pranger: Der Fall Späth und der Fall Stolpe. In Wolfgang Donsbach, Otfried Jarren, Hans Mathias Kepplinger, Barbara Pfetsch (Hrsg.): Beziehungsspiele – Medien und Politik in der öffentlichen Diskussion. Gütersloh: Verlag der Bertelsmann Stiftung 1993a, 159-220.

HANS MATHIAS KEPPLINGER: Kritik am Beruf. Zur Rolle der Kollegenkritik im Journalismus. In Walter A. Mahle (Hrsg.): Journalisten in Deutschland. München: Verlag Ölschläger 1993b, 161-183.

HANS MATHIAS KEPPLINGER: Skandale und Politikverdrossenheit – ein Langzeitvergleich. In Otfried Jarren, Heribert Schatz, Hartmut Weßler (Hrsg.): Medien und politischer Prozess. Politische Öffentlichkeit und massenmediale Politikvermittlung im Wandel. Opladen: Westdeutscher Verlag 1996, 41-58.

HANS MATHIAS KEPPLINGER: Die Demontage der Politik in der Informationsgesellschaft. Freiburg im Breisgau, München: Verlag Karl Alber 1998.

HANS MATHIAS KEPPLINGER: Verletzung der Persönlichkeitsrechte durch die Medien: Halten die Annahmen der Juristen den sozialwissenschaftlichen Befunden stand? In Bitburger Gespräche. Jahrbuch 1999/I. München: Beck 1999, 15-34.

HANS MATHIAS KEPPLINGER: Vom Hoffnungsträger zum Angstfaktor. In Joachim Grawe, Jean-Paul Picaper (Hrsg.): Streit ums Atom. Deutsche, Franzosen und die Zukunft der Kernenergie. München: Piper 2000, 81-103.

HANS MATHIAS KEPPLINGER: Warum Krisen eskalieren. Über die unterschiedliche Wahrnehmung durch die Beteiligten. In: Michael Kuhn, Gero Kalt, Achim Kinter (Hrsg.): Chefsache Issues Management. Frankfurt: F.A.Z.-Institut 2003, S. 130-139.

HANS MATHIAS KEPPLINGER, WOLFGANG DONSBACH, HANS-BERND BROSIUS, JOACHIM FRIEDRICH STAAB: Medientenor und Bevölkerungsmeinung. Eine empirische Studie zum Image Helmut Kohls. In *Kölner Zeitschrift für Soziologie und Sozialpsychologie* 38 (1986), 247-279.

HANS MATHIAS KEPPLINGER, HANS-BERND BROSIUS, JOACHIM FRIEDRICH STAAB, GÜNTER LINKE: Instrumentelle Aktualisierung. Grundlagen einer Theorie publizistischer Konflikte. In Max Kaase, Winfried Schulz (Hrsg.): Massenkommunikation. Theorien, Methoden, Befunde. Opladen: Westdeutscher Verlag 1989, 199-220.

HANS MATHIAS KEPPLINGER, THOMAS HARTMANN: Stachel oder Feigenblatt? Rundfunk- und Fernsehräte in der Bundesrepublik Deutschland. Eine empirische Untersuchung. Frankfurt am Main: IMK 1989.

HANS MATHIAS KEPPLINGER, UWE HARTUNG: Am Pranger. Eine Fallstudie zur Rationalität öffentlicher Kommunikation. München: Verlag Reinhard Fischer 1993.

HANS MATHIAS KEPPLINGER, PETER EPS, DIRK AUGUSTIN: Skandal im Wahlbezirk. Der Einfluss der Presse auf die Wahl des Münchner Oberbürgermeisters 1993. In *Publizistik* 40 (1995) 305-326.

HANS MATHIAS KEPPLINGER, UWE HARTUNG: Störfallfieber. Wie ein Unfall zum Schlüsselereignis einer Unfallserie wird. Freiburg im Breisgau, München: Verlag Karl Alber 1995.

HANS MATHIAS KEPPLINGER, SIMONE CHRISTINE EHMIG: Der Einfluss politischer Einstellungen von Journalisten auf die Beurteilung aktueller Kontroversen. In *Medienpsychologie* 9 (1997), 271-292.

HANS MATHIAS KEPPLINGER, KERSTIN KNIRSCH: Gesinnungs- und Verantwortungsethik im Journalismus. Sind Max Webers theoretische Annahmen empirisch haltbar? In Matthias Rath (Hrsg.): Medienethik und Medienwirkungsforschung. Opladen: Westdeutscher Verlag 2000, 11-44.

HANS MATHIAS KEPPLINGER, SIMONE CHRISTINE EHMIG, UWE HARTUNG: Alltägliche Skandale. Eine repräsentative Analyse regionaler Fälle. Konstanz: UVK 2002.

HANS MATHIAS KEPPLINGER, KERSTIN KNIRSCH: Erlaubte Übertreibungen. In: Ute Nawratil, Philomen Schönhagen, Heinz Starkulla jr. (Hrsg.): Medien und Mittler sozialer Kommunikation. Beiträge zur Theorie, Geschichte und Kritik von Journalismus und Publizistik. Leipzig: Leipziger Universitätsverlag 2002, 265-274.

HANS MATHIAS KEPPLINGER, SONJA GLAAB: Folgen ungewollter Öffentlichkeit. Abwertende Pressebeiträge aus der Sicht der Betroffenen. In Stefan Habermeier, Axel Beater (Hrsg.): Verletzungen von Persönlichkeitsrechten durch die Medien. Tübingen: Mohr 2005.

HANS MATHIAS KEPPLINGER, SIMONE CHRISTINE EHMIG: Ist die funktionale Skandaltheorie empirisch haltbar? Ein Beitrag zur Interdependenz von Politik und Medien im Umgang mit Missständen in der Gesellschaft. In Kurt Imhof, Roger Blum, Heinz Bonfadelli, Otfried Jarren (Hrsg.): Mediengesellschaft: Strukturen, Merkmale, Entwicklungsdynamiken. Wiesbaden: Verlag für Sozialwissenschaften 2004, 363-375.

HANS WERNER KILZ, JOACHIM PREUSS: Flick. Die gekaufte Republik. Reinbek bei Hamburg: Rowohlt Taschenbuch Verlag 1983.

KERSTIN KNIRSCH: Rationalität und Ethik im Journalismus. Ein Fragebogenexperiment zu Max Webers These. Magisterarbeit. Mainz: Institut für Publizistik der Johannes Gutenberg-Universität 1999.

UTE KÖBKE: Einflüsse der Medien auf Entscheider in der Wirtschaft. Magisterarbeit. Mainz: Institut für Publizistik der Johannes-Gutenberg-Universität 2001.

RENATE KÖCHER: Wie die Bevölkerung reagiert. Fast neunzig Prozent trauen allen Parteien versteckte Spenden und Konten zu. In *Frankfurter Allgemeine Zeitung*, 21. Dezember 1999.

RENATE KÖCHER: Einigkeit macht anziehend. Wie die Bevölkerung die Krise der CDU und die Schwierigkeiten der SPD beurteilt. In *Frankfurter Allgemeine Zeitung*, 23. Februar 2000.

RENATE KÖCHER: Öffentliche Aufregung als Risiko und Chance. In den Augen der Bevölkerung hat der Zeitgeist die größte Schuld an BSE. In *Frankfurter Allgemeine Zeitung*, 14. Februar 2001.

BERTHOLD KOHLER: Das deutsche Wunschbild. In *Frankfurter Allgemeine Zeitung*, 8. Dezember 2000.

KURT LANG, GLADYS ENGEL LANG: The Unique Perspective of Television and its Effect: A Pilot Study. In *American Sociological Review* 18 (1953) 3-12.

MICHAEL LERZ: Skandalberichterstattung: Die Entwicklung des „Flüssigei-Skandals" 1985 und der Fall Birkel. Magisterarbeit. München: Institut für Kommunikationswissenschaft der Ludwig-Maximilians-Universität 1996.

HANS LEYENDECKER: Helmut Kohl, die CDU und die Spenden. Eine Fortsetzungsgeschichte. In Hans Leyendecker, Heribert Prantl, Michael Stiller: Helmut Kohl, die Macht und das Geld. Göttingen: Steidl 2000, 198-244.

WALDEMAR LILLI: Die Hypothesentheorie der sozialen Wahrnehmung. In Dieter Frey, Martin Irle: Theorien der Sozialpsychologie, Band 1: Kognitive Theorien. Bern u. a.: Verlag Hans Huber 1984, 19-47.

OTFRIED K. LINDE, HANS MATHIAS KEPPLINGER, SIMONE CHRISTINE EHMIG: Mehr Akzeptanz durch mehr Fachinformation? Wie sehen Angehörige psychisch Kranker die Pharmakotherapie? In: *Deutsche Apotheker Zeitung* 11 (1996), 23-30.

SEYMOUR M. LIPSET, WILLIAM SCHNEIDER: The Confidence Gap. Business, Labor, and Government in the Public Mind. New York, London: John Hopkins University Press 1983.

HEIKE LÖBLEIN: Die Darstellung des Golfkriegs in der Fernsehberichterstattung. Magisterarbeit. Mainz: Institut für Publizistik der Johannes Gutenberg-Universität 1993.

MONIKA MARON: Unser Empörungskartell. Der Umgang mit Michael Wolffsohns Überlegungen zur Folter zeigt auch, dass Glaubensbekenntnisse beliebter sind als Gedanken. In: *Frankfurter Allgemeine Sonntagszeitung*, 11. Juli 2004.

ANDREI MARKOVITS, MARK SILVERSTEIN: Macht und Verfahren. Die Geburt des politischen Skandals aus der Widersprüchlichkeit liberaler Demokratien.

In Rolf Ebbinghausen, Sighard Neckel (Hrsg.): Anatomie des politischen Skandals. Frankfurt am Main: Edition Suhrkamp 1989, 151-170.

RAINER MATHES: Medienwirkung und Konfliktdynamik in der Auseinandersetzung um die Entlassung von General Kießling. Eine Fallstudie und ein Drei-Ebenen-Modell. In Max Kaase, Winfried Schulz (Hrsg.): Massenkommunikation. Theorien, Methoden, Befunde. Opladen: Westdeutscher Verlag 1989, 441-458.

ARMAND MERGEN: Tod in Genf – Ermittlungsfehler im Fall Barschel: Mordthese vernachlässigt? Heidelberg: Kriminalistik Verlag 1988.

YNGVE MIKALSEN: Der Einfluss von Schemata auf die Akzeptanz von PR-Meldungen am Beispiel Brent Spar. Magisterarbeit. Mainz: Institut für Publizistik der Johannes Gutenberg-Universität 1998.

DANIELA MOCKEN: Bad Kleinen – Entstehung eines Skandals. Magisterarbeit. Mainz: Institut für Publizistik der Johannes-Gutenberg-Universität 1995.

WILBERT E. MOORE, MELVIN M. TUMIN: Some social functions of ignorance. In *American Sociological Review* 6 (1949), 787-795.

LUTZ MÜKKE: Eine Welle der Entrüstung. In *message* 1 (2001), 20-23.

REINHARD MÜLLER: Nur wenige Parteispendenverfahren endeten mit Verurteilungen. Rügen des Verfassungsgerichts und Gesetzesänderungen. In *Frankfurter Allgemeine Zeitung*, 4. Dezember 1999.

JOSEF NERB, HANS SPADA, STEFAN WAHL: Kognition und Emotion bei der Bewertung von Umweltschadensfällen: Modellierung und Empirie. In *Zeitschrift für Experimentelle Psychologie* 45 (1998), 251-269.

FRANZ NEUBAUER: Das öffentliche Fehlurteil. Der Fall Filbinger als ein Fall der Meinungsmacher. Regensburg: Roderer Verlag 1990.

ELISABETH NOELLE-NEUMANN (1980): Öffentliche Meinung. Die Entdeckung der Schweigespirale. Berlin: Ullstein 1989.

ELISABETH NOELLE-NEUMANN: Lügen werden verziehen, doch beim Geld hört der Spaß auf. In *Frankfurter Allgemeine Zeitung*, 14. Juli 1993.

ELISABETH NOELLE-NEUMANN: Sind Parteispenden unmoralisch? Die Bevölkerung fühlt sich von Korruption umgeben. In *Frankfurter Allgemeine Zeitung*, 15. Mai 2002.

SUSANNE PETER: Expertenurteile über ausgewählte Print- und TV-Medien. Magisterarbeit Mainz: Institut für Publizistik der Johannes Gutenberg-Universität 1998.

HEINRICH POPITZ: Über die Präventivwirkung des Nichtwissens. Dunkelziffer, Norm und Strafe. Tübingen: J. C. B. Mohr 1968.

HERIBERT PRANTL: Überall Verschwörung, überall undankbare Kreaturen. Die Aufzeichnungen des Alt-Bundeskanzlers sind das Dokument einer peinlichen Selbstenthüllung. In *Süddeutsche Zeitung* 25./26. November 2000.

PRESSE- UND INFORMATIONSAMT DER STADT FRANKFURT (Hrsg.): Dokumentation zum Polizeieinsatz um das Haus Kettenhofweg 51, Frankfurt am Main: die Vorgeschichte, die Demonstrationen, Einsatzberichte d. Polizei, Stellungnahmen, Pressestimmen, die jurist. Diskussion; Texte u. Bilddokumente. Zusammengestellt von Kurt Kraus, Frankfurt am Main o. J. [1973].

CARSTEN REINEMANN: Medienmacher als Mediennutzer. Kommunikations- und Einflussstrukturen im politischen Journalismus der Gegenwart. Köln, u.a.: Böhlau Verlag 2003.

ROLF GEORG REUTH: IM Sekretär. Die ‚Gauck-Recherche' und die Dokumente zum ‚Fall Stolpe'. Frankfurt am Main: Ullstein 1992.

GERD ROELLECKE: Politiker werden mit Bargeld beworfen wie andere Leute mit Dreck. Die Trennung von Politik und Wirtschaft kann nicht vollständig sein, und deshalb gibt es ein Gesetz: Ein nicht nur juristischer Kommentar zur Parteienfinanzierung. In *Frankfurter Allgemeine Zeitung*, 20. Januar 2000.

MATTHIAS ROSENTHAL: Der Einfluss von Sympathie oder Antipathie auf das journalistische Verhalten von Tageszeitungsredakteuren bei Konflikten um Politiker. Legalität und Legitimität journalistischen Handelns. Magisterarbeit. Mainz: Institut für Publizistik der Johannes Gutenberg-Universität 1987.

STEPHAN RUß-MOHL: Scheinheilige Aufklärer. In *message* 2 (2000), 10-17.

STANLEY SCHACHTER, JEROME E. SINGER: Cognitive, Social, and Physiological Determinants of Emotional State. In *Psychological Review* 69 (1962), 379-399.

ANNABEL SCHAUS: Selbstkritik von Journalisten und Wissenschaftlern. Magisterarbeit. Mainz: Institut für Publizistik der Johannes Gutenberg-Universität 1992.

FRANK SCHIRRMACHER: Von Ruhm ohne Ehre. In *Frankfurter Allgemeine Zeitung*, 17. Juni 1999.

CHRISTIANE SCHMITT: Die Entwicklung des AIDS-Blutskandals 1993. Magisterarbeit. Mainz: Institut für Publizistik der Johannes Gutenberg-Universität 1994.

PETER SCHMITT: Uli Hoeneß geht's jetzt um die Wurst. Nach Razzia in seiner Nürnberger Fabrik erwartet der Geschäftsmann eine Entschuldigung des Arbeitsamtes. In *Süddeutsche Zeitung*, 17. November 2000.

CLAUDIA SCHRAEWER: Rhetorische Mittel bei der Skandalierung von Linda Reisch. Magisterarbeit. Mainz: Institut für Publizistik der Johannes Gutenberg-Universität 2000.

THOMAS SCHULER: Der Wühler. Die CDU und ihre Spenden – ein Fall für den Enthüllungsjournalisten Hans Leyendecker. In *Berliner Zeitung*, 21. Dezember 1999.

WINFRIED SCHULZ, HARALD BERENS, REIMAR ZEH: Der Kampf um Castor in den Medien. Konfliktbewertung, Nachrichtenresonanz und journalistische Qualität. München: Reinhard Fischer 1998.

CHRISTIAN SCHÜTZE: Skandal. Eine Psychologie des Unerhörten. Berlin, München: Scherz 1985 (zuerst 1967).

BENJAMIN SÖREN SEITZ: Selbstkritik und Fremdkritik im Journalismus. Eine vergleichende Untersuchung der Berichterstattung deutscher Printmedien anhand ausgesuchter Fälle. Magisterarbeit. Mainz: Institut für Publizistik der Johannes Gutenberg-Universität 2004.

MUZAFER SHERIF: The Psychology of Social Norms. New York: Harper & Row 1966.

ELEANOR SINGER, PHYLLIS ENDRENY: Reporting Hazards: Their Benefits and Costs. In *Journal of Communication* 37 (1987), 10-26.

TOM W. SMITH: Poll Trends. In *Public Opinion Quarterly* 56 (1992), 360-380.

MICHAEL D. STORMS: Videotape and the Attribution Process: Reversing Actors' and Observers' Point of View. In *Journal of Personality and Social Psychology* 27 (1973), 156-175.

WILHELM STROBEL: Parteiübergreifend befolgte Verfälschungsrezepte. In *Frankfurter Allgemeine Zeitung*, 4. Juli 2000.

DIRK STURNY: Einfluss von Krisen-Typen auf Publikationsweisen. Eine Input-Output-Analyse anhand von zwei Beispielen. Magisterarbeit. Mainz: Institut für Publizistik der Johannes Gutenberg-Universität 1997.

PERCY H. TANNENBAUM: Emotional Arousal as a Mediator of Erotic Communication Effects. In Technical Report of the Commission on Obscenity and Pornography, Vol. III. Washington, D.C.: US Government Printing Office 1971, 326-356.

MARTIN WALSER: Öffentliches Gewissen und deutsche Tabus. In *Die politische Meinung* 302 (1995), 15-23.

VOLKER WEIDERMANN: Gefühlte Skandale. Wie es in diesem Jahr auf der Leipziger Buchmasse war. In: *Frankfurter Allgemeine Sonntagszeitung*, 28. März 2004.

WILLI WINKLER: Der Tod ist frei. Hannelore Kohl, Uwe Barschel, Goethes Werther – und die Kirche. In *Süddeutsche Zeitung* 14./15. Juli 2001.

JENS WOLLING: Skandalberichterstattung in den Medien und die Folgen für die Demokratie. In *Publizistik* 46 (2001), 20-36.

VOLKER ZASTROW: Barschels Fall. In *Frankfurter Allgemeine Zeitung*, 31. Januar 1995.

ACHIM ZONS: Das Denkmal. Bundeskanzler Willy Brandt und die linksliberale Presse. München: Günter Olzog Verlag 1984.

Register